本书由安徽工程大学引进人才科研启动基金项目（2022YQQ108）资助出版

GAIGE KAIFANG YILAI
WOGUO LAODONG JIAOYU GUANNIAN DE YANBIAN

改革开放以来
我国劳动教育观念的演变

曹荣荣◎著

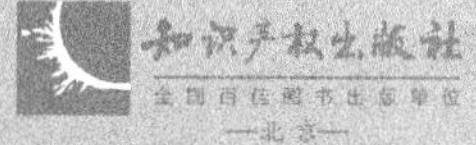

知识产权出版社
全国百佳图书出版单位
—北京—

图书在版编目（CIP）数据

改革开放以来我国劳动教育观念的演变 / 曹荣荣著. —北京：知识产权出版社，2025. 5. — ISBN 978-7-5130-9677-5

Ⅰ. G633. 932

中国国家版本馆 CIP 数据核字第 20259C6T23 号

内容提要

本书以改革开放以来我国的劳动教育观念为主要研究对象，具体研究我国秉持的劳动教育观念以及劳动教育观念如何生成等问题。本书为劳动教育领域的研究提供新的视角和思考方向，适合相关研究领域的学者、研究人员和劳动教育教师使用。

责任编辑：徐　凡　　　　**责任印制**：孙婷婷

改革开放以来我国劳动教育观念的演变

GAIGE KAIFANG YILAI WOGUO LAODONG JIAOYU GUANNIAN DE YANBIAN

曹荣荣　著

出版发行：	知识产权出版社有限责任公司	**网　　址**：	http://www.ipph.cn
电　　话：	010－82004826		http://www.laichushu.com
社　　址：	北京市海淀区气象路 50 号院	**邮　　编**：	100081
责编电话：	010－82000860 转 8763	**责编邮箱**：	laichushu@cnipr.com
发行电话：	010－82000860 转 8101	**发行传真**：	010－82000893
印　　刷：	北京中献拓方科技发展有限公司	**经　　销**：	新华书店、各大网上书店及相关专业书店
开　　本：	720mm×1000mm　1/16	**印　　张**：	11
版　　次：	2025 年 5 月第 1 版	**印　　次**：	2025 年 5 月第 1 次印刷
字　　数：	185 千字	**定　　价**：	52.00 元

ISBN 978-7-5130-9677-5

前　言

国家劳动教育观念是我国在社会发展各阶段对劳动教育相关问题认知的本质诠释，在一定程度上支配着劳动教育的发展进程。本书从观念研究的三重理论维度出发，即劳动教育观念的内在结构之维、劳动教育观念的“生命”之维、劳动教育观念的历史之维，通过对特定历史阶段中教育与劳动之间的关系、劳动教育的基本问题、劳动教育与社会领域的活动之间关系的考察，以及对劳动教育观念的发生和依据的分析，并将其放置于整个社会主义建设的历史语境中，全面揭示各历史阶段国家秉持何种劳动教育观念，探讨劳动教育观念演变的特征和逻辑。基于上述三重理论维度的考察，国家自改革开放以来相继秉持教育与生产劳动相结合的马克思主义立场，以及“与社会主义经济建设相适应”、“与素质教育相适应”、以“育人为本”的劳动教育观念。

20 世纪 80 年代以来，国家对普通学校劳动教育的指导性观念随着时代的发展呈现出一种“常新”的演变过程。在社会发展各阶段，国家劳动教育观念因对教育领域和社会领域的现实问题的回应而被触生，有意识地“选择”毛泽东辩证唯物主义知行观、邓小平有关教育与生产劳动相结合的重要论断、习近平有关教育和劳动的新时代阐述等作为重要理论，以及国内外教育的相关实践经验作为保证生成的观念具有合理性和施事力的依据，通过“文本”和“实践”的方式对学校劳动教育予以指导。

具体地说，国家对教育与劳动者之间关系问题的认知，从二者的联系关系的认知，发展为其结合关系的认知，从现实问题的解决塑造教育与劳动之间关系的认知逐渐发展为构建“全”教育与“全”劳动相结合实现全面育人的观点。国家对劳动教育基本问题的认知，始终坚持其在育人方面发挥的重要作用和功能，因对不同阶段现实问题的回应而被融入新的内容。国家对劳动教育与社会领域的活动之间关系的认知，从劳动教育与社会领域的活动相结合服务于劳动观的培养之观点逐渐发展为社会领域的活动以“社会实践”的方式与社会资源一道服从劳动教育的基本规律和要求之观点。国家建设和社会发展的需要以及教育自身发展的动因是国家劳动教育观念生成的主要影响因素。国家劳动教育观念在总体上向紧扣劳动教育的育人本质的方向发展。

改革开放以来，国家劳动教育观念的演变既呈现出一定的“连续性”特征，即满足“教育中的劳动需求”和“生产中的教育需求”相统一的原则，努力在个体发展和社会发展需求的统合中寻到育人的立足点，又呈现出一定的“非连续性”特征。国家劳动教育观念演变的进程主要受国家发展意识的支配，呈现出“连续性”和“非连续性”并存的基本形态，而劳动教育观念本身与劳动教育实践之间的互动关系则制约着劳动教育观念演变的效用。

目　录

第一章　绪　论

第一节　研究缘起与意义

（一）研究缘起

1. 基于新时代加强劳动教育育人实效的迫切要求

党的十八大以来，习近平总书记对劳动价值观和劳动行为价值取向等问题作出了一系列阐述，并于 2018 年在教育大会上首次提出将“劳”纳入我国全面发展的教育方针中，强调要构建德、智、体、美、劳全面发展的教育体系[1]。习近平有关劳动和教育的重要阐述为新时代我国劳动教育工作的开展指明了方向。为进一步贯彻习近平有关劳动教育的重要论述，落实“立德树人根本任务”，自 2013 年至今，我国开展了“三爱”教育，并颁布、下发了一系列有关劳动教育的专门指导意见及其配套指导纲要，将劳动教育作为新时代素质教育的重要组成部分和实现新时代育人方式转变、提升

[1] 张烁，王晔. 坚持中国特色社会主义教育发展道路培养德智体美劳全面发展的社会主义建设者和接班人[N]. 人民日报，2018-09-11(1).

义务教育质量、建立科学的教育质量观的重要方面[1]。劳动教育是中国共产党领导下的社会主义教育事业发展的一个永恒“关键词”。一段时间内，我国劳动教育逐渐处于被弱化、被淡化的现实困境，学生的劳动观点、劳动精神、劳动习惯和劳动品质同培养全面发展的社会主义建设者和接班人的要求之间尚存差距。切实补齐劳动教育的短板，落实劳动教育的育人实效是新时代国家对劳动教育问题关注的焦点。劳动教育既关系到合格社会主义建设者和接班人的培养，又是实现中华民族伟大复兴，构建富强、民主、文明、和谐的社会主义现代化国家的重要途径。在新的历史方位上，深入贯彻落实党和国家相关指示，全面推进劳动教育实践，切实实现劳动教育的育人功效，在于科学领会、切实把握党和国家对劳动教育秉持的重要观念。

2. 基于对劳动教育观念同劳动教育实践之间辩证关系的重要思考

观念关乎实践，是“认识社会和我们自己的一种途径”，具备潜在的可“改变社会的力量”[2]。劳动教育观念亦是如此。通俗意义上说，国家、学校、家庭、社会是劳动教育的几大观念主体。构建学校、社会、家庭在劳动教育方面的联合育人机制，必须使观念的主体受到科学、全面、权威的劳动教育观念的统辖。国家劳动教育观念对其他主体的劳动教育观念具有指导和引领作用，是促进学校、家庭、社会劳动教育健康发展的重要因素。改革开放以来，学校劳动教育实践是受多重因素综合作用和影响形成的产物，而国家劳动教育观念则是其背后深层结构的集合体。劳动教育实践的发展方向的把握以及发展的进一步推动都受到国家有关劳动教育指导性观念的影响。但是，观念同实践之间并不总是相互对应的关系，二者在现实中存在着相脱离的现象。国家劳动教育观念是对不同阶段劳动教育的本质

---

[1] 国务院办公厅关于新时代推进普通高中育人方式改革的指导意见[EB/OL]. 教育部网站 http://www. moe. gov. cn/jyb_xxgk/moe_1777/moe_1778/201906/t20190619_386539. html,2019-6-11. 中共中央、国务院关于深化教育教学改革全面提高义务教育质量的意见[EB/OL]. 教育部网站 http://www. moe. ov. cn/jyb_xxgk/moe_1777/moe_1778/201907/t20190708_389416. html,2019-06-23.

[2] 高瑞泉. 平等观念史论略[M]. 上海:上海人民出版社,2018:44.

的诠释，或引领劳动教育实践，促进其不断发展，或未能有效地指导劳动教育实践，致使其产生一定偏向，或在实践中被曲解，致使劳动教育实践产生一定偏差。劳动教育观念同劳动教育实践之间的对应关系或非对应关系，均揭示了观念的“力量”。全面考察改革开放以来劳动教育实践背后潜藏着的丰富观念，有利于反思观念应当如何更好、更有效地指导劳动教育实践，如何更深入地领悟和更全面地把握新时代国家劳动教育观念的意蕴和重大意义。全面且深刻地认识和理解国家有关劳动教育的指导性观念是更切实地依据劳动教育的相关指示来践行劳动教育和创造性焕活国家劳动教育观念的基础和关键。

3. 基于当前劳动教育相关理论研究引发的对劳动教育观念问题的思考

“观念”问题是我国教育学界一直有涉猎且歧见颇多的领域，教育观念始终处于“日用之而不知”的尴尬处境中。劳动教育观念亦是如此。新时代劳动教育得到了学校、家庭和社会的普遍关注，更新、重塑劳动教育观念的呼声高涨。更新、重塑劳动教育观念的首要前提是理解劳动教育观念为何物，必须要从学理上对劳动教育观念本身有着真切的认知。在现有研究成果中，我国对劳动教育的研究多集中于内涵、实施路径、地位、价值等基本问题的探究，常将劳动教育的一个或若干个基本问题上升至劳动教育观念层面。虽然“劳动教育观念”一词被频繁提及，但是对劳动教育观念的研究未形成完整的理论分析框架，劳动教育观念“是什么”“何以是”“如何变”“何以变”等问题都未得到系统的探讨和研究。劳动教育观念是学界劳动教育理论研究中一个有待挖掘和填充的重要领域。

（二）研究意义

改革开放以来，国家劳动教育观念的演变研究具有理论和实践两个层面的意义。

1. 理论意义

以国家劳动教育观念为研究对象，以有关劳动、教育和劳动教育的政策性文本为基本落脚点，结合中国共产党历史、中华人民共和国历史、党和国家领导人相关著述，对劳动教育的现象进行一种理论抽象和概括，客观分析改革开放以来国家劳动教育观念的建构过程和原貌并揭示观念演变的相关方面，有利于进一步丰富学界对劳动教育的相关理论研究。其中，对教育领域中“观念”问题的理论研究框架的构建和对劳动教育观念的学理性分析，对如何更全面地理解作为范畴的“教育观念”问题提供了一种新的思路。

2. 实践意义

对劳动教育本身有着全面且深入的认知是切实补齐劳动教育这一短板、促进劳动教育发展的首要前提。劳动教育观念的演变研究是对国家劳动教育指导观念进行反思的重要途径。从劳动教育观念的历史演变中汲取丰富且深刻的经验和教训以更好地获取前进的智慧和力量，成为不断塑造现有劳动教育观念、实现观念的进一步发展的重要力量。具体地说，系统研究新中国劳动教育观念，有利于对劳动教育“是什么”“该如何”等问题进行充分反思以及了解党和国家落实劳动教育、强调以劳动育全人的初心所在，有助于对新时代以“育人为本”的劳动教育观念进行更为深切的体会，更好地落实学校劳动教育实践，唤醒劳动教育实践对人的生命本真的关切。

第二节　研究综述

（一）国内研究综述

现有对劳动教育相关问题的研究在某种意义上都是对劳动教育之“观”的体现，但是基于本书研究的主要问题，将劳动教育观念之主体在一定程度上局限于国家层面及与其相关之主体，故有关劳动教育观念的现有研究主要体现在三个方面，即有关国家劳动教育及其观念的阶段性演变研究、有关马克思主义劳动观和劳动价值观对我国劳动教育观念的影响研究、有关党和国家领导人的劳动教育思想研究。

1. 有关劳动教育及其观念的阶段性演变研究

学界从不同视角和维度对我国劳动教育的发展情况展开研究，形成了对劳动教育发展不同历史分期的划分和理解，揭示了我国劳动教育发展背后的一些事实和问题，形成了一些有关国家劳动教育发展的重要观点。

有研究通过中国共产党的教育方针的历史演变来研究新中国成立以来劳动教育的发展情况，以 1957 年、1978 年、2000 年、2012 年为界，将劳动教育的发展划分为五个重要阶段，表明我国劳动教育的发展具有“以重要领导人讲话为推动力”的“外生性特点”，并“以适应社会发展需要为取向”[1]。

有研究结合劳动教育的实践形式阐明劳动教育的思想演变情况，揭示了劳动教育思想从“实利主义劳动教育思想”发展为“建立马克思主义的劳动观”以及“具有中国特色的以劳动教育为基础的科学的德智体美劳教育方针思想”。同时，我国劳动教育由单一的功利主义视角发展为劳动教育具有“统领和联结多种教育形式与内涵的综合育人功能”视角[2]。

有研究从我国劳动教育政策出发对劳动教育的演变情况进行研究。研究表明，我国劳动教育政策经历了三个时期的演变，即 1949—1976 年的体力劳动时期、1977—1998 年的手脑并用的思想教育和劳动技术教育并举时期、1999 年之后的旨在培养综合素质的社会实践教育时期，呈现了我国劳动教育从“体力教育”到“能力教育”的演变过程，揭示了“每一时期的劳动教育政策与当时的社会发展和教育目的保持一致”[3]。

有研究立足于国家劳动教育的政策性文本，从我国劳动教育政策文本中的“言说与意图”出发，结合不同社会发展阶段的“语境”，揭示了新中国成立以来劳动教育观念从“强调劳动教育的政治秩序建构与思想政治教育的价值”，到强调劳动教育对人的发展和推动素质教育的意义和价值，再

---

[1] 李珂，曲霞. 1949 年以来劳动教育在党的教育方针中的历史演变及省思[J]. 教育学报，2018(5)：63-72.

[2] 陈理宣，刘炎欣. 劳动教育与德智体美教育的基础关联和价值彰显[J]. 中国教育学刊，2017(11)：65-68.

[3] 陈静，黄忠敬. 从“体力教育”到“能力教育”——我国劳动教育政策的发展与变迁[J]. 中国德育，2015(16)：33-38.

到全面回归育人本质的观念变化过程，表明“我国劳动教育观念因国家发展意识的变化而变化”❶。

还有研究立足于国家有关劳动教育的政策文件，“以‘培养什么人、怎样培养人、为谁培养人’为框架”并通过历史时期的划分，揭示了中国共产党劳动教育思想经历了“消解与探索（1949—1962年）”“偏差与异化（1963—1976年）”“纠偏与探新（1977—1999年）”“深化与发展（2000—2011年）”“加强与成熟（2012年至今）”几个阶段，逐渐“形成了以‘全面发展’‘三种教育’和‘三个实现’为内容的劳动教育体系”❷。

总体上看，现有研究大多立足于党和国家有关劳动教育的方针、政策、意见等，将劳动教育实践与教育政策性文本相结合，揭示了劳动教育发展的特点、动因、趋势及一些观念上的变化。基于不同的研究视角和维度，研究中有关劳动教育发展的历史分析、所揭示的一些内容等存在一定的区别。现有研究成果为进行劳动教育的学理性分析提供了有益的借鉴，并在一定程度上揭示了我国劳动教育发展背后的观念，但是在理论分析维度的确立和对劳动教育实践研究的深度、广度上，有待进一步拓展。

2. 有关马克思主义劳动观和劳动价值观对我国劳动教育观念的影响研究

有关研究在马克思主义劳动观、马克思主义劳动价值观是我国劳动教育的逻辑起点和理论认识基础方面基本达成了一致，在如何结合马克思主义劳动观、马克思主义劳动价值观具体理解我国劳动教育等方面形成了丰富的认知，为研究改革开放以来国家劳动教育观念的演变提供了重要的理论借鉴。

现有研究充分肯定了我国劳动教育的重要理论基础在于马克思主义劳动观、马克思主义劳动价值观。研究指出：“马克思主义劳动观是界定和认识劳动教育的基石”❸；“劳动教育促进人的自由全面发展的逻辑基点”是马

---

❶ 周兴国，曹荣荣. 新中国的劳动教育：观念演变与发展[J]. 中国教育科学（中英文），2020（3）：25-34.

❷ 王明钦，刘英钦. 新中国成立后中国共产党劳动教育思想的脉络梳理与体系构建[J]. 河南大学学报（社会科学版），2021（5）：136-143.

❸ 徐长发. 新时代劳动教育再发展的逻辑[J]. 教育研究，2018（11）：12-17.

克思主义劳动观[1]；劳动教育对人的自由而全面发展的实现之价值由劳动对人的全面发展的促进作用来具体指向，而马克思主义劳动观中涉及的劳动对人、社会和历史诸方面发展的重要意义和价值为此提供了重要的理论基点[2]。有研究从劳动的育人价值及其实现条件的角度来研究劳动教育，提出劳动教育中劳动育人价值的发挥必须以"真正自由的劳动"为逻辑前提，注意"从劳动的抽象的本质层面上升到劳动教育的具体实践层面"，才能充分实现劳动教育的育人价值的发挥[3]。

现有研究主要结合马克思主义劳动观、马克思主义劳动价值观来对劳动教育的基本问题进行理解和反思。有研究提出，马克思主义劳动价值观是"我们仍然应该坚持的教育观"，我国劳动教育的发展必须围绕着对马克思主义劳动价值观的切实落实，注意以此对我国劳动教育的方式方法等方面的问题进行反思[4]。有研究指出："不同的劳动观、不同的劳动素质观"影响着人们对劳动教育目的、内容等方面的认知；基于马克思主义劳动观中所涉及的四对劳动范畴，劳动教育的主要目的、内容、任务等方面必然要覆盖这四对劳动范畴所指向的相关的教育性内容和意义[5]。有研究认为：马克思主义"劳动观、劳动价值观决定了劳动教育观念"；马克思、恩格斯对劳动价值观在"历史唯物主义、政治经济学和教育学原理三个维度"的阐释决定了劳动教育的主要任务和目标必然是"形成正确的劳动价值观"，使学生明确劳动在世界和社会之创造和发展、经济建设以及人的全面发展中的重要价值[6]。还有研究指出，马克思主义自由劳动观是马克思主义教育思想的基

---

[1] 程从柱.劳动教育何以促进人的自由全面发展——基于马克思主义劳动观和人的发展观的考察[J].南京师大学报(社会科学版),2020(3):16-26.

[2] 程从柱.劳动教育何以促进人的自由全面发展——基于马克思主义劳动观和人的发展观的考察[J].南京师大学报(社会科学版),2020(3):16-26.

[3] 周兴国,曹荣荣.论劳动的育人价值及其实现条件[J].南京师大学报(社会科学版),2020(6):30-38.

[4] 杜作润.劳动教育——这是一个值得思考的问题[J].现代大学教育,2016(3):29-33.

[5] 文新华.论劳动、劳动素质与劳动教育[J].教育研究,1995(5):9-15.

[6] 胡君进,檀传宝.马克思主义的劳动价值观与劳动教育观念——经典文献的研析[J].教育研究,2018(5):9-15,26.

石，包含了“劳动人、自由人、学习人三个层面的丰富内涵和价值取向”，“对社会主义劳动教育起价值定位作用”[1]，即劳动教育必须“要树立人的劳动价值观”，“要树立自由劳动发展观”，“要树立人的劳动创造观”[2]。

此外，还有研究将马克思主义劳动观视为劳动教育的逻辑起点，从“人与自然、人与社会及人与自身”三层维度“阐释马克思的劳动概念”，“揭示了马克思劳动概念在教育场域中求真、至善、臻美的意涵”，即在劳动过程中要培养对真理的“认知之真”，追求对社会关系和自身道德品性认知和塑造之“善”，追求和实现“自我生成、自我发展、自我完善”之“美”[3]，以深化对劳动教育的认知。

3. 有关党和国家领导人劳动教育思想的研究

我国劳动教育的发展离不开党和国家领导人在社会主义建设不同时期对教育与劳动相结合问题的理论阐释。虽然党和国家领导人的相关阐释不能与国家层面对劳动教育之“观”完全等同，但是党和国家领导人有关教育与生产劳动相结合的重要理论阐释中蕴含着诸多的劳动教育观点，与国家层面对劳动教育之“观”有重要关联。以下在狭义上将党和国家领导人有关教育与生产劳动相结合的思想称为劳动教育思想。

(1) 有关毛泽东劳动教育思想的研究

现有有关毛泽东劳动教育思想的研究主要涉及以下几个方面。

其一，有关毛泽东劳动教育思想的渊源研究。现有研究基本达成一致观点，认为马克思、恩格斯相关思想是毛泽东劳动教育思想的重要理论来源[4]。

其二，有关毛泽东劳动教育思想基本内涵的研究。有研究从知识论、实践论出发，认为毛泽东劳动教育思想包含着两层内涵，即传授知识、检验知识、创造知识相结合与改造主观世界和改造客观世界相结合，是根本

---

[1] 贺哲. 自由劳动关系与劳动教育价值取向阐释[J]. 求索,2009(8):113-114,146.

[2] 贺哲. 自由劳动关系与劳动教育价值取向阐释[J]. 求索,2009(8):113-114,146.

[3] 徐海娇,柳海民. 遮蔽与祛蔽:劳动的教育意蕴——基于马克思劳动概念的价值澄明[J]. 湖北社会科学,2017(6):13-18.

[4] 李卓宝,安洪溪,王宇. 学习毛泽东关于教育与社会实践相结合的思想——纪念毛泽东同志诞辰一百周年[J]. 清华大学学报(哲学社会科学版),1993(3,4):33-46.

区别于封建教育的社会主义教育的重要原则❶。从马克思教育与生产劳动相结合观点、群众观点、知识论等出发，有研究阐明毛泽东劳动教育思想的四重内涵，即教育同生产劳动的双向互动，“知识分子与工农相结合”，“促进人的全面发展”，“理论联系实际”❷。

此外，从教育的阶级属性出发，现有研究将教育同生产劳动相结合作为“社会主义教育的本质特征之一”❸ 和社会主义教育的重要原则，并将其视为毛泽东劳动教育思想的深刻内涵。

其三，有关毛泽东劳动教育思想形成和发展脉络的研究。从现有成果看，对毛泽东劳动教育思想形成和发展阶段的划分主要有“三阶段说”“四阶段说”。

“三阶段说”主要以中华苏维埃共和国临时中央政府成立初期、抗日战争和大生产运动、新中国成立为三个时间节点，揭示了毛泽东劳动教育思想经历了三个阶段：从将革命根据地改革和建设实际同马克思主义教育观相联系，提出“教育与劳动相联系”，到识得教育同劳动生产、社会生产之间的联系，再到结合社会主义教育、政治、经济之间的互动关系，主张教育与生产劳动、无产阶级政治相结合以解决学校教育存在着的脱离实际之弊端❹。还有研究将毛泽东早期教育同生产劳动相结合思想以 1921 年、1934 年为界划分为三个阶段：从主张“学习（教育）与劳动相结合”，发展为阶级关系的构建融入教育与工农运动的结合中，再到提出“教育与生产劳动联系起来”❺。

陈桂生在对毛泽东教育思想的研究中分析了毛泽东于 20 世纪 20 年代、40 年代、60 年代前后在教育与生产劳动相结合问题上形成的一系列观点。

---

❶ 郭必恒. 毛泽东教育思想的时代意义：全国纪念毛泽东同志诞辰 110 周年学术研讨会——毛泽东与当代中国[C]. 北京：中共中央文献出版社，2004，710-723.

❷ 郝清杰. 教育必须与生产劳动相结合——毛泽东教育思想的鲜明特色及当代价值：毛泽东与中国道路——全国纪念毛泽东同志诞辰 120 周年学术研讨会论文集[C]. 北京：中央文献出版社，2013：993-1002.

❸ 傅朝鼎. 毛泽东教育本质论的现实意义[J]. 毛泽东思想研究，2005(4)：69-71.

❹ 罗洛. 毛泽东思想研究大系——文化卷[M]. 上海：上海人民出版社，1993：304，306.

❺ 孙海林，文小妮，黄露生，等. 毛泽东早期教育与实践概论[M]. 长沙：中南大学出版社，2008：215.

首先，较之于1919年的“新村运动”，1921年湖南自修大学的实践抛弃了乌托邦成分，确立了马克思主义思想，使其与“资产阶级、小资产阶级的工读主义”有着根本区别❶。其次，1943年，毛泽东明确指出要兼顾教育和经济的发展，尤为看重劳动对人的思想的教育作用❷。最后，20世纪60年代前后，毛泽东在教育与生产劳动相结合问题上的基本观点仍未改变，主张根据实际情况安排各级各类学校学生尽量参加生产劳动，且注意不能在学习与劳动上偏废其一❸。

“四阶段说”将毛泽东劳动教育思想的形成和发展划分为体脑平衡发展之萌芽阶段、教育与劳动相联系之发展阶段、“一面学习、一面生产”之形成阶段、“培养有社会主义觉悟的有文化的劳动者”之探索时期❹。还有研究将毛泽东教育同生产劳动相结合思想划分为下列几个阶段：土地革命前显现出教育同劳动相联系的观点雏形；土地革命时期将教育同劳动相联系纳入教育方针中；在抗日战争和解放战争时期“形成了教育同生产劳动相结合的制度”❺；新中国成立以后毛泽东将教育同生产劳动相结合“作为社会主义中国教育发展的必由之路”❻。

其四，对毛泽东劳动教育思想的意义和价值的研究。现有研究主要从教育、人与社会发展、政治、经济等层面来阐述其意义和价值，主要观点归纳如下：就教育本身发展来看，毛泽东有关教育同生产劳动相结合思想阐明并体现了社会主义教育注重劳动对于个体的全面发展之效用的本质❼；“扬弃和改造”“中国传统教育思想”，“坚持和发展”马克思主义教育思想

❶ 陈桂生.现代中国的教育魂——毛泽东与现代中国教育[M].沈阳:辽宁教育出版社,1993:21.

❷ 陈桂生.现代中国的教育魂——毛泽东与现代中国教育[M].沈阳:辽宁教育出版社,1993:293,294,296.

❸ 陈桂生.现代中国的教育魂——毛泽东与现代中国教育[M].沈阳:辽宁教育出版社,1993:302,304.

❹ 周批改,段扬.毛泽东劳动教育观念研究[J].教育探索,2018(2):1-5.

❺ 张健.毛泽东教育思想研究[M].杭州:浙江教育出版社,1993:88.

❻ 张健.毛泽东教育思想研究[M].杭州:浙江教育出版社,1993:89.

❼ 同❹.

原则，为新中国教育事业的发展指明了方向，有利于“办好人民满意的教育”[1]；推动了我国素质教育发展和教育改革[2]；促进了“具有中国特色的社会主义教育体系”的构建[3]。从个体和社会发展层面看，有研究指出，毛泽东主张的劳动教育为革命建设事业培养出切合实际需要的人才，“有助于提高社会生产力”，发挥了“改造思想、修养身心”的作用[4]。

此外，还有研究结合教育方针、经济的发展、阶级关系、人的全面发展、思想政治道德教育、教育体制和结构的改革等方面，对毛泽东劳动教育思想的特点加以分析和概括[5]。

现有研究对毛泽东相关思想的理论阐述和具体实践都予以了极高的关注和深入的探讨，研究成果颇为丰厚。在现有研究成果中，将毛泽东有关劳动教育的主张放置在革命战争年代和新中国成立以后的社会发展及国家建设的“语境”中，从社会发展（阶级关系的改变、革命斗争的胜利）、人的发展、社会主义教育发展多个层面来综合分析。现有研究多以“实践”“观”之，实践层面的体现既揭示了观念本身，又表明了观念已初步进入实践层面。毛泽东有关教育同生产劳动相结合的思想理论背后仍有诸多方面有待研究。

（2）有关邓小平劳动教育思想的研究

基于邓小平有关教育与生产劳动相结合的重要论述，例如，现代经济和技术的迅速发展要求教育与生产劳动结合在内容上、方法上不断有新的发展，整个教育事业必须同国民经济发展的要求相适应，现有研究主要从思想渊源、精神实质、内涵、结合方式、意义和价值等层面对邓小平劳动

---

❶ 郝清杰. 教育必须与生产劳动相结合——毛泽东教育思想的鲜明特色及当代价值:毛泽东与中国道路——全国纪念毛泽东同志诞辰120周年学术研讨会论文集[C]. 北京:中央文献出版社,2013:993-1002.

❷ 周批改,段扬. 毛泽东劳动教育观念研究[J]. 教育探索,2018(2):1-5.

❸ 章锁江,郭永松,邵五甲. 教育必须与生产劳动相结合——学习毛泽东教育思想的实践与思考[J]. 中国高教研究,1993(6):23-26.

❹ 王枏. 试论毛泽东关于教育与生产劳动相结合的思想[J]. 教育科学,1994(1):10-36.

❺ 张健. 毛泽东教育思想研究[M]. 杭州:浙江教育出版社,1993:92,94,95,96,100,103.

教育思想进行研究。

有研究提出，邓小平劳动教育思想的新发展主要体现在把教育与生产劳动相结合同“社会整体科技能力”的提高相关联，将教育与生产劳动相结合视为提高社会整体科技能力的基础、关键方面。

总体来看，学界主要立足于邓小平有关教育与生产劳动相结合思想，围绕教育、国民经济、科学技术等之间的互动关系，探讨教育同生产劳动相结合在新的历史条件下具有的新的内涵、新的意义和价值等。对邓小平劳动教育思想的研究多集中于20世纪90年代和21世纪初期，相关研究有待进一步深化。

(3) 有关江泽民劳动教育思想的研究

江泽民劳动教育思想主要体现在提出的新论断，即“教育与生产劳动和社会实践相结合”。1994年起，江泽民在全国教育工作会议等场合多次强调学生积极投身生产劳动、社会实践的重要性。学界对江泽民劳动教育思想的研究多着眼于“教育与生产劳动、社会实践相结合”的观点，研究视角略有不同。

现有研究成果多散见于一些论文中，未有专门著述，研究的深度和广度有待进一步加强，例如，教育同生产劳动相结合向二者与社会实践相结合转变的具体过程及其转变背后的诸方面因素等方面有待进一步展开研究。

(4) 有关习近平劳动教育思想的研究

现有研究成果主要立足于习近平有关劳动、教育等方面的重要言论，深入探讨习近平劳动教育思想的多重内涵、意义和价值等。

其一，有关习近平劳动教育思想的基本内涵的研究。有研究从逻辑起点、理论逻辑、实践逻辑三个层面论述习近平劳动教育思想蕴含着的三层内涵，关涉开展、开展何种、如何开展劳动教育的问题[1]。具体地说，马克思主义唯物史观、有关人的全面发展的思想及当前劳动教育实践的现实需要构成了习近平有关劳动教育的逻辑起点；习近平劳动教育思想的理论逻辑主线包括“坚持中国特色社会主义教育发展道路”，坚持“以人为本”的

[1] 谭武，吴天琪. 习近平关于劳动教育重要论述的逻辑体系[J]. 思想政治课研究，2020(3)：47-53.

价值取向和坚持“以劳树德、增智、强体、育美、创新”的劳动教育基本范畴；其时间逻辑主线涉及“实现体面劳动、全面发展的制度建设”，“创新劳动教育工作体制机制和方式方法”以及形成学校、家庭、社会联合育人机制[1]。

其二，有关习近平劳动教育思想的时代意义和价值的研究。现有研究主要从育人层面和教育发展层面对此进行了探讨。有研究认为，习近平劳动教育思想的重要意义和价值体现在切实把握中国特色社会主义教育的发展规律，对新时代“如何培养人”等问题进行了深刻的回答[2]。有研究提出，习近平对“五育并举”的全面发展教育体系的提出以及对“立德树人”的教育根本任务的坚持和强调，使劳动教育为切实落实教育的根本任务增加了新的功能[3]。还有研究认为，习近平在劳动教育问题上坚持历史唯物主义的观点和立场，重视劳动在社会发展和人的全面发展层面的重要价值，主张社会主义建设者和接班人具有社会主义劳动者的思想道德品质及情感，具有极强的时代性意义和价值[4]。

还有研究认为，习近平有关劳动教育的重要论述丰富和发展了我国教育方针，为新时代教育事业的发展提供了重要的理论支撑，推动了社会主义现代化国家的建设和发展。有研究提出，习近平特别提出劳动教育和“五育并举”的教育体系，是“指引着新时代中国特色社会主义的教育发展道路”[5]。还有研究指出，习近平有关劳动教育的论述，“丰富发展了党的教育方针，具有重大的时代价值和鲜明的现实针对性”[6]。

---

[1] 谭武，吴天琪. 习近平关于劳动教育重要论述的逻辑体系[J]. 思想政治课研究，2020(3):47-53.

[2] 教育部课题组. 深入学习习近平关于教育的重要论述[M]. 北京：人民出版社，2019,53.

[3] 曲霞，刘红梅. 用劳动教育为立德树人增添新动能——学习习近平总书记全国教育大会重要讲话精神[J]. 北京教育(德育)，2019(4):30-32.

[4] 庞立生. 深刻把握习近平总书记教育重要论述的核心要义——访东北师范大学党委书记杨晓慧教授[J]. 马克思主义理论学科研究，2020(4):4-12.

[5] 顾明远. 新时代教育发展的指导思想——学习习近平总书记在全国教育大会上的讲话[J]. 中国教育学刊，2018(10):3.

[6] 刘向兵. 新时代高校劳动教育论纲[M]. 北京：社会科学文献出版社，2019:44.

学界对习近平劳动教育思想的研究主要基于习近平在劳动、劳动者、教育等相关问题上的重要论述，以马克思主义立场与新时代赋予劳动的意义和价值及其在育人、社会主义国家发展方面的重要功能和价值为根本理论点，进一步阐发习近平劳动教育思想的内涵、现实意义和价值。新时代对习近平有关劳动教育思想的研究工作正在深入开展中。

（二）国外研究综述

恩格斯在《资本论》第一卷中分别使用“work”和“labor”两个英语词汇为“劳动”的二重性作注解。恩格斯使用“work”指代“创造使用价值的并且在质上得到规定的劳动”，用“labor”指代“创造价值的并且只在量上被计算的劳动”[1]。一方面，“work”揭示了具体劳动创造使用价值，资本主义生产下劳动力的使用价值“是价值的源泉，并且是大于它自身的价值的源泉”[2]，另一方面，“labor”揭示了凝结在一切商品中的人类无差别劳动是“人类劳动力在生理学意义上的耗费”，创造出商品的价值[3]。具体劳动和抽象劳动构成了同一生产过程不可分割的两个重要方面。

世界教育的发展中，“劳动”作为一个有教育意义和价值的因素被广泛纳入国内外学校教育中，以“work”或“labor”与教育相结合，其教育的内涵和实施的意图等方面是有区别的。以不同国家对与生产劳动相结合的教育的称谓为例。我国各级各类的劳动教育以及苏联实施的劳动教育都被称为“labor education”。而在美国，“labor education”首要是指劳工教育。就印度而言，与劳动相结合的教育的称谓经历了“craft education”（1937 年）、“work experience”（1967 年）、“socially useful productive work”（1977 年）的

[1] 马克思. 资本论[M]//中共中央马克思恩格斯列宁斯大林著作编译局. 马克思恩格斯文集(第五卷). 北京:人民出版社,2009:61.

[2] 马克思. 资本论[M]//中共中央马克思恩格斯列宁斯大林著作编译局. 马克思恩格斯文集(第五卷). 北京:人民出版社,2009:226.

[3] 马克思. 资本论[M]//中共中央马克思恩格斯列宁斯大林著作编译局. 马克思恩格斯文集(第五卷). 北京:人民出版社,2009:60.

变化[1]。2000 年，“印度全国教育研究和培训委员会在全国学校教育课程框架中提出‘work education’这一更加概括性的名称，在全国范围内统一了称谓”[2]。

我国劳动教育首要的是在“抽象劳动是价值的唯一源泉”的意义上坚持马克思主义劳动价值观，遵循人类劳动力在“人的脑、肌肉、神经、手等等”方面的不同形式的耗费都能创造价值，社会不同分工下总是存在以上各种形式的劳动力耗费等马克思主义论断[3]，并不断将其与中国具体实际相结合，以创造价值的劳动无质的差别的观点克服有关劳动分等级的观点，培养正确的劳动观点，并吸纳了“work”中劳动者在创造使用价值时对体力和脑力的综合运用的事实，不忽视劳动能力对个人和社会价值创造的重要作用，注意劳动能力的培养。“labor education”一词在美国于“20 世纪 30 年代后期开始使用，“二战”后被广泛用来描述美国工人教育运动而流行起来”[4]。在美国，“labor education”主要是成人教育的一个重要分支，是一种面向已就业人员、失业人员，同工会、工人运动相联系，处理工作中的劳动关系，关注经济地位、雇用关系等方面的活动。同时，其一定程度上融入中小学历史教育和职业生涯教育，亦面向大学生，使学生加深对劳动世界的了解，例如，培养学生对各种职业的欣赏、对职业所需的计划的了解、对工作场所中雇主和同事的熟悉[5]。但是，“labor”向美国教育的融入与灌输劳动的价值观不可直接等同，例如，美国的历史教育呈现出贬低和

---

[1] CBSE. Work education in schools[M]. Delhi:Central Board of Secondary Education, 2004:2.

[2] CBSE. Work education in schools[M]. Delhi:Central Board of Secondary Education, 2004:3.

[3] 马克思. 资本论[M]//中共中央马克思恩格斯列宁斯大林著作编译局. 马克思恩格斯文集(第五卷). 北京:人民出版社,2009:57.

[4] DWYER R. Workers' education, labor education, labor studies: an historical delineation [J]. Review of Educational Research, 1977(1):179-207.

[5] Case studies on the interaction between education and productive work [EB/OL]. Unesco: https://unesdoc.unesco.org/ark:/48223/pf0000217493?posInSet=1&queryId=d42acaaf-d620-4692-b78f-764524e9f6eb, 1981-08-12.

忽视劳工、工会在美国社会发展和民主发展中的重要影响和作用的偏见[1]。印度有关“劳动教育”称谓的变化更折射出对劳动力使用价值的关注，首要的是使学生掌握生产劳动过程中涉及的材料的来源、工具和设备的使用、不同类型劳动的科学原理、对生产的计划和组织等方面的知识与技能[2]。上述的讨论并非指以“labor”或“work”融入教育就是一定程度上遵循了马克思主义劳动价值观，而是意在说明不同国家使用不同称谓蕴含着对教育中“labor”或“work”的价值的不同理解以及对教育与劳动相结合的不同诉求。

以下就国外对教育与生产劳动相结合的认知中同本书研究主体内容有一定关联的方面进行综述，主要涉及三方面。

1. 有关国外贯彻教育同生产劳动相结合的渊源研究

现有研究显示，不同国家在教育领域中采纳教育同生产劳动相结合的原则的思想源头因国家制度和意识形态等方面的不同而存在区别，例如，研究者在探讨印度贯彻教育同生产劳动相结合原则时一致认为，将劳动融入学校教育中，“是以甘地哲学为基础的”[3]。甘地在“基础教育”计划中提出教育当同劳动结合起来、与实际生产相联系，是印度“learning-by-doing”的哲学起源。

有研究认为，西方实用主义传统、社会主义思想和工业化程度较低的土著传统是一些发达国家和发展中国家贯彻教育同生产劳动相结合的主要思想渊源。西方国家的学校教育从体脑分离发展到对教育目的和性质日趋实用主义的观点，“为人们更加关注劳动世界提供了动力”；西方实用主义者将生产劳动作为“一种经验”，从“日常生活的经验和问题出发”，“拒绝了‘纯’知识与‘应用’知识之间的区别”，通过“增进对劳动世界的理

[1] COLE F P, MEGIVERN L, HILGERT J. American labor in U. S. history textbooks: how labor's story distorted in high school history textbooks[M]. Washington, DC: Albert Shanker Institute, 2011: 4.

[2] CBSE. Work education in schools[M]. Delhi: Central Board of Secondary Education, 2004: 5.

[3] MSFA M Y. Productive work as pedagogical tool in school education[J]. Pertanika Journal of Social Science Z Humanities, 2013(4): 1447-1455.

解和促进经济生存所必需的个人、社会技能的发展”使学生顺利地向劳动力市场过渡[1]。在崇尚马克思主义的具有社会主义意识形态的国家，贯彻教育与生产劳动相结合，主要是出于消除二者之间的制度界限、实现理论与实践相结合、实现一定的社会政治目标并以此“塑造”人与社会等方面的需要[2]。在工业化程度较低的第三世界国家，教育同生产劳动相结合的贯彻离不开其第三世界国家的痛苦历史经历、对当地经济问题的回应、对城市工业化发展及其精英教育等的一种反应[3]。

2. 有关生产劳动的概念及其与教育结合问题的研究

国外对“生产劳动”的界定、对其同教育相结合问题的认识未达成一致，但是对“生产劳动”的界定有一个共同之处，即引入教育的生产劳动必须具有教育性。有研究提出，“对学校中生产劳动的任何定义都必须同教育目的的特定观点相联系”[4]。一方面，“生产劳动”是对个体和集体发展有利的活动，“旨在人的身体、道德、审美、智力、鉴赏力和能力的全面发展，激发个人社会良知、创造力，获取知识和技能，为未来的劳动生活、为改善生活做准备”[5]。另一方面，“生产劳动”超越过往学校课程无关社会与生产的活动，引入经济意义和社会意义的活动，同学校教育相结合，“超

[1] HOPPERS W, KOMBA D. Productive work in education and training——a state of the art in Eastern Africa[M]. The Hague: Centre for the Study of Education in Developing Countries, 1995: 17.

[2] HOOPERS W, KOMBA D. Productive work in education and training——a state of the art in Eastern Africa[M]. The Hague: Centre for the Study of Education in Developing Countries, 1995: 20.

[3] HOPPERS W, KOMBA D. Productive work in education and training——a state of the art in Eastern Africa[M]. The Hague: Centre for the Study of Education in Developing Countries, 1995: 22, 23.

[4] GELPI E. Education and work: preliminary thoughts on the encouragement of productive work in the educational process[J]. International Journal of Lifelong Education, 1982(1): 53-62, 53.

[5] GELPI E. Education and work: preliminary thoughts on the encouragement of productive work in the educational process[J]. International Journal of Lifelong Education, 1982(1): 53-62, 54.

越了‘体力’和‘智力’的概念”[1]。

联合国教科文组织充分认可了劳动是一种具有育人意义和价值的要素，劳动关涉人和社会的发展，但是劳动的育人意义和价值的发挥是有条件的，并非一切的劳动都能培养人。联合国教科文组织将“生产劳动”界定为“对个人和社会有益的物质产品、精神产品和服务的生产，不一定要获得报酬”，将生产劳动的因素引入学校教育的“主要目的在于培养学生对劳动的态度”，而非作为物质生产的来源[2]。“生产劳动”具体包括“适当的生产活动（工业、农业和手工业），服务以及智力和艺术活动”之类的“对社会有用的任何工作”[3]。从联合国教科文组织的观点可知，“生产劳动”引入学校教育最主要的目的是以其对人的有益性来发挥培养人的重要作用，教育同生产劳动相结合“不只局限于教育同就业之间的关系”[4]，还涉及人在思想道德层面的培养问题。

20 世纪 80 年代召开的有关教育同生产劳动相结合的地区会议提到了“教育性劳动”和“剥削儿童、青年工人的劳动”的概念。会议认为，就非洲教育同生产劳动相结合而言，“教育性劳动”同“剥削儿童、青年工人的劳动”之间区分的可能性指标为“劳动的质量、发展特征及其玩闹的、艺术的、科学的成分，和生产对儿童、家庭、社区、国家等的社会意义”[5]。

---

❶ GELPI E. Education and work:preliminary thoughts on the encouragement of productive work in the educational process [J]. International Journal of Lifelong Education, 1982 (1): 53-62.

❷ Objectives and forms of the integration of productive work in general education [EB/OL]. Unesdoc: https://unesdoc. unesco. org/ark:/48223/pf0000083108? posInSet = 1 & queryId = 6931cb13-1e0a-4e3f-8ad6-49d19d38b242, 1986-9.

❸ Questionnaire no. 2: interaction between education and productive work [EB/OL]. Unesdoc: https://unesdoc. unesco. org/ark:/48223/pf0000040585? posInSet = 3 & queryId = cfc2d9bb-5be7-457f-aa50-63c5f5abc12b, 1980-04-10.

❹ Objectives and forms of the integration of productive work in general education [EB/OL]. Unesdoc: https://unesdoc. unesco. org/ark:/48223/pf0000083108? posInSet = 1 & queryId = 6931cb13-1e0a-4e3f-8ad6-49d19d38b242, 1986-9.

❺ Final report (the regional seminar on the introduction of productive work into education and its implications for the training of educational personnel) [EB/OL]. Unesdoc: https://unesdoc. unesco. org/ark:/48223/pf0000044297_eng? posInSet = 2 & queryId = N-EXPLORE-6fbbfa07-6df9-4bdf-9809-22e21e54d95b, 1981-05-05.

劳动本身具备的基本特征是评判劳动是否具有教育意义和价值的重要方面。这也从侧面证实了马克思有关资本主义制度下异化劳动不具备育人价值的论断的科学性。

在对印度教育的研究中，有研究者指出，“生产劳动”可被界定为“一种能生产物质的、精神的、智力的、可供出售的商品的行为”❶。教育中的生产劳动是一种可通过切实生产性行为获得生产技能的“学习行为”，是一种时常伴随着手工劳动的“智力过程”，“但是并非所有脑力活动或手工劳动在教育上都是生产性的”；印度教育中的“生产劳动”是“应对贫困、实现自立目标的战斗的重要组成部分”，“必须将其用于社会目的，以便使其具有个人和社会意义”❷。

就教育与生产劳动相结合而言，有研究者对教育同生产劳动相结合概念的变化进行了讨论。研究表明，16 世纪中期到 17 世纪，教育同生产劳动相结合主要是指教育同就业相联系，即“扩大经济以确保教育系统的产品获得有酬就业”。17 世纪晚期，教育同生产劳动相结合的概念扩展到“在学校课程中插入某些事件、技术和手工活动”，“使学生对自己和社区变得有用，同时避免将学校变为作坊、农场或生产性行业”。后来，有研究将教育同生产劳动相结合界定为得益于所谓的“为自力更生的教育”法则❸。“教育与生产劳动相结合”的概念在非洲发生了从直接服务经济的角度向注重育人本身的转向，即培训学生成为求职者和创造就业者。同时，“不同目标之间的相对重要性和被实施的环境，很大程度上决定了教育同生产劳动相结合发生的方式”❹。

从上述研究可知，教育与生产劳动的结合必须讲求劳动的教育意义和价值，不应只着眼于劳动的生产性价值，而生产劳动的教育性既在于为实

---

❶ ADISESHIAH M S. Education and productive work in India: Unesco. Prospects[C]. Quarterly Review of Education, 1974(2): 143-151.

❷ 同❶.

❸ Neida Coordinating Unit. Education and productive work in Africa[M]. Dakar: Unesco Regional Office for Education in Africa, 1982: 7, 8.

❹ Neida Coordinating Unit. Education and productive work in Africa[M]. Dakar: Unesco Regional Office for Education in Africa, 1982: 1.

现教育目的服务，关涉人和社会的多层面发展，又同国家、社会所需解决的实际问题相联系。概括地说，教育中的生产劳动在培养人的同时，不排斥其对现实问题的回应。

3. 有关贯彻教育与生产劳动相结合同其他领域活动之间关系的研究

20 世纪 80 年代，联合国教科文组织的一些会议和调查详细阐述了一些成员国家贯彻的教育与生产劳动相结合原则与社会政治、文化、经济、教育等之间发生的多层面紧密关联。根据调查材料收集的信息，联合国教科文组织将绝大多数成员国为进一步促进教育同生产劳动相结合而进行教育政策和目标调整归因于“过去几十年的情况、发展、趋势和需求”，“社会需求、条件和机会的改变”，“相关政府广泛的政策观点和政治思想目标”[1]。1980 年，联合国相关机构指出，教育同生产劳动相结合在经济上、社会上和教育上均有多重目标，例如，“生产商品和服务”，“对劳动力的培训”，“促进更尊重劳动的普遍态度”，“人格的全面发展”，“为劳动生活做准备”，等等[2]。世界范围内将教育同生产劳动相结合既意在促进教育发展，又关涉满足社会诸方面发展的需要。

联合国教科文组织和一些研究者揭示了一个相似的观点，即“教育同生产劳动之间的互动与每个国家的社会政治状况、社会政治背景、历史文化发展等不同要素之间具有相互依存的关系”[3]。贯彻教育与生产劳动相结合通常与解决国家实际问题之需、与国家整体发展计划具有内在一致性。有研究指出，教育与生产劳动相结合“具有经济、社会和教育效益”，例如，教育同创造就业构建起一种更好的关系。这一认知源于接受了一种观

---

[1] Interaction between education and productive work[EB/OL]. Unesdoc: https://unesdoc.unesco.org/ark:/48223/pf0000045552?posInSet = 1 & queryId = b7daec9b-56ae-4a69-ba86-5ba264fdb245, 1981-09-15.

[2] Questionnaire no. 2: Interaction Between Education and Productive Work[EB/OL]. Unesdoc: https://unesdoc.unesco.org/ark:/48223/pf0000040585? posInSet = 3 & queryId = cfc2d9bb-5be7-457f-aa50-63c5f5abc12b, 1980-04-10.

[3] Objectives and forms of the integration of productive work in general education [EB/OL]. Unesdoc: https://unesdoc.unesco.org/ark:/48223/pf0000083108? posInSet = 1 & queryId = 6931cb13-1e0a-4e3f-8ad6-49d19d38b242, 1986-9.

点，即“教育常是一种总体的社会过程，其中生产的组织和控制、科技的使用是群体意识和个体意识的基础源泉”❶。有研究主张从政治、财政和教育三方面来看学校教育方案，指出社会主义国家把“创造无产阶级社会这一压倒性的动机”作为将生产劳动引入学校教育的主要政治原因，“资本主义发展中国家可能最为强烈地要求以有限的财力把学校和劳动联系起来”❷。有研究者对非洲教育进行研究，发现非洲贯彻教育与生产劳动相结合的最大驱动力在于实现学校和教育对社会更充分的融入且为之服务❸。还有研究明确得出一个结论：虽然各国在生产教育的观念和实践上差异很大，但是秉持一个相似的观点，即教育与生产劳动相结合的一大诉求在于解决社会和经济问题❹。

从上述研究可知，获取教育效益和发展教育本身是国外将生产劳动引入教育的重要目标，但是教育同生产劳动相结合作为一种教育活动和学校教育课程的内容本身成为发展社会政治、经济、文化等的重要手段。生产劳动作为一个开放的概念，与教育相结合使教育系统和社会生产系统不可避免地发生了重要的关联，成为沟通学校教育与社会诸方面发展的重要中介。

综上，国外对教育同生产劳动相结合的贯彻主要与国家政治体制、社会整体发展计划、国家教育观念及国家现实需解决的问题有关，贯彻教育同生产劳动相结合的思想依据因政治体制、意识形态、国家教育观念等方面存在着差异，对教育、生产劳动及二者结合问题未有一致界定，但对“生产劳动”的个体和社会“有益性”的认识、对“生产劳动”育人性价值的认可等具有内在一致性。国外教育同生产劳动相结合作为学校教育不可或缺的因素，同社会政治、经济、文化等方面的发展紧密相关。促进个

---

❶ RENSBURG P V. Combining education and production: situating the problem: Unesco. Prospects[C]. Quarterly review of education, 1977(3): 352-354.

❷ GILLESPIE R R, COLLINS C B. Productive labour in schools: an international evaluation[J]. Prospects, 1987(1): 11-26.

❸ Neida Coordinating Unit. Education and productive work in Africa[M]. Dakar: Unesco Regional Office for Education in Africa, 1982: 8-9.

❹ BORSTEL F V. A theoretical framework for productive education[J]. Prospects, 1992(3): 265-271.

体的发展同促进社会政治、经济、文化等方面的发展在某种程度上是兼容的。

（三）对现有研究的评述

通过对国内外研究现状的梳理可知，劳动作为一种具有育人意义和价值的活动，与教育相结合，是国内外教育发展的重要原则。现有研究主要存在下述几方面的启示和问题。

其一，国内学界对劳动教育的研究已经产出了相当丰厚的成果，形成了对劳动教育理论和实践发展颇有推动意义和指导意义的重要观点。现有研究既立足于当下，又适当地回观和反思过去，并展望未来；既关注劳动教育实践层面的深入推进，又进行观念层面的积极反思和适当构建。现有研究为全面研究国家劳动教育观念的演变提供了一些思路，例如，结合劳动教育的基本问题来确立劳动教育的理论分析维度，多维度地分析劳动教育的发展历程，注意党和国家领导人有关劳动教育的思想和指示及马克思主义相关思想，而且，所形成的丰富观点还为本书的研究提供了一定理论观点上的指导。就国外对教育与生产劳动相结合问题的研究而言，国外在这一问题上有着观念层面的区别的同时，更凸显出一些相似的观点，例如，重视生产劳动的教育意义和价值的确立，教育与生产劳动相结合的内涵在发生着变化，教育与生产劳动相结合促进人的发展，教育的发展和社会其他方面的发展存在着密切关联。这些方面对研究国家劳动教育观念演变问题提供了一定的借鉴。考察国家劳动教育观念的演变，既要结合劳动教育实践，又要注意结合劳动教育基本问题和马克思主义相关思想；既要注意“生产劳动”的育人意义和价值及其与教育相结合问题诸方面的理解，又要将劳动教育放置在国家建设和社会发展的整体语境中加以研究。

其二，对劳动教育观念本身关注不足，有待进一步探究国家对劳动教育秉持的指导性观念。有关劳动教育的研究都内含特定的劳动教育观念。“劳动教育观念”以不同的形式存在于有关劳动教育的研究之中。最为常见的是，现有研究以劳动教育为主要研究对象，多从教育同政治、经济之间关系的角度或从教育基本问题出发，以劳动教育的目的、价值、实践、基本原则等作为一定理论研究维度，聚焦劳动教育诸基本问题，将国家在劳动教育问题上秉持的一些观点和态度较为零散地呈现于研究之中。“劳动教育观念”本身未完全被作为主要研究对象，国家对劳动教育持有的指导性观念未得到系统的研究。

另外，现有研究常结合党和国家领导人有关劳动教育的相关阐述来呈现党和国家在劳动教育相关问题上的观点。党和国家领导人在劳动教育相关问题上的认知同国家层面对劳动教育形成的权威指导性观念具有内在联系，但二者不可完全等同。党和国家领导人在劳动教育方面持有的观点具有方向指导性，但是在基础上，这些观点需要被写入国家政策文件中才能上升为国家意志，成为具有现实植根性的权威指导观念。同时，有关劳动教育的方针、政策、指导思想等在被确立的前后，与劳动教育直接或间接有关的其他观点也需要被关注，且国家劳动教育观念在落实中存在着的一些“声音”也对劳动教育观念的进一步发展有影响。单纯从党和国家领导人的相关思想出发难以全面展现国家制度层面的劳动教育观念。同时，教育政策性文本中有关劳动教育的论述并非“既成”的，而是“生成”的，常基于一定的现实“源头”，如国家特定时期的发展规划、教育领域亟待解决的现实问题等。

现有的一些研究为劳动教育构建了不同的理论分析维度，常从国家政策性文本、党和国家领导人著述等方面解读不同时期劳动教育的实践情况，在一定程度上为国家有关劳动教育的规定寻找社会发展层面、教育发展层面“依据”的同时，还应全面地、动态地呈现国家劳动教育指导观念形成和发展的整体脉络，并拓宽研究视角，深入到“言语行为”和“实践行为”背后的“观念”上。如何结合劳动教育基本问题并注重劳动教育观念本身，确立多重理论分析维度来揭示改革开放以来国家以何种观念来指导劳动教育实践是一个值得思考的重要问题。

第三节　研究的主要内容及研究方法

（一）研究的主要内容

研究的核心是改革开放以来国家对普通中小学劳动教育的指导观念“是什么”“何以是”“如何变”“何以变”的问题。研究的主要内容具体如下。

首先，从学界对教育观念研究范式入手，将教育学基本原理同观念史研究范式相结合，架构起对劳动教育观念演变的理论研究框架，既立足于教育学视域，又尊重劳动教育观念之“观念”本质以及观念本身的发生、发展规律，进一步从逻辑的维度和历史维度对劳动教育观念的演变展开研究。

其次，研究改革开放以来国家劳动教育观念“是什么”“何以是”的问题。基于对劳动教育观念所确立的三重理论分析维度，将“文本”及“实践”层面的观念同具体国情相结合，并注意研究观念的发生和依据，揭示改革开放以来国家劳动教育观念演变的全貌。

最后，结合改革开放以来国家劳动教育观念本身及其构成的一系列观点，对国家劳动教育观念演变的特征和逻辑展开探讨。通过结合劳动教育观念在不同发展阶段的“生命”“生长”情况及观念三方面构成观点本身及其发展的情况，梳理改革开放以来国家劳动教育观念在演变中呈现出“连续性”和“非连续性”并存的特征，即观念与观念之间存在着一定的关联和区别，其背后交织着对教育领域和社会领域亟待解决问题的权衡。同时，国家劳动教育观念的演变呈现出对一定逻辑的遵循。

（二）研究方法

本书研究主要采用了文献研究法和观念史研究方法。就文献研究法而言，国家劳动教育观念的演变研究主要基于以下几类重要文献：①国家政策性文件，涉及国家颁布的有关教育和劳动教育的文件、中小学相关课程计划、课程方案、实施意见等；②党和国家领导人的著述，包括党和国家领导人的发言、公开发表的文章、传记、书信集等，以及国家相关职能部门负责人或成员相关著述；③中国共产党历史专著、中华人民共和国历史专著及其他相关研究材料；④为党和国家作出重要贡献的中国共产党人、教育家的相关著述，以及具有重要影响力的学者、专家有关劳动教育的相关著述；⑤一些教育学专著。通过大量搜集、整理上述文献资料，从中析出改革开放以来国家如何“观”劳动教育并对劳动教育实践形成了何种指导观念。在研究过程中，注意通过发掘上述文献资料之间的内在逻辑，以更准确、更全面地呈现改革开放以来国家劳动教育观念的形成和演变的整个过程。

以观念为研究对象的国内外观念史研究范式为劳动教育观念的研究提供了极大的启发与借鉴。观念史研究以探究观念本身为本，揭示观念的内涵及其生命发展历史的全貌。观念史研究源头和发展动因的歧见中交织着一个重要问题，即观念史研究同历史学、社会学等不同学科之间存在交叉关系。更重要的是，观念史研究必须以对“观念”的概念界定为前提，以观念特征、影响因素等方面因素为一定基点，注意国内外具有代表性的观念史研究方法论上的异同点，构建相应的观念史研究范式。具有代表性的西方观念史研究范式主要包括以单位观念作为研究对象的洛夫乔伊式研究范式和以语义学为基础、关注文本特定语境的斯金纳式研究范式。洛夫乔伊和斯金纳构建的观念史研究范式基于自身对观念、观念史研究的认知，极具个体特色，在如何看待和处理观念本身、观念主体、观念的“文本”、社会语境、历史语境乃至国别等方面具有一定差异性。观念史研究不仅研究观念本身“是什么”，还将观念置身于一定的复杂“语境”中，如特定国家、特定时代、特定范围内的观念主体以及以某种形态存在的观念等，以全面地、历史地考察观念及其发展史。

我国的学者对观念史研究范式都进行了本土性探究。我国台湾省和香港地区侧重于利用实证的方法进行观念史研究，最具代表性的研究范式是以关键词为核心、基于“中国近代思想史研究专业数据库（1830—1930）”的实证观念史研究范式。基于以关键词为核心的实证观念研究范式，我国台湾省的学者正着力构建基于“数位人文思维逻辑”的观念史研究的数位人文新范式。

我国学者高瑞泉从知识社会学和社会发生学角度出发，开创了批判观念史研究范式——“平等的眼光”同“批判的头脑”相结合。其以一种客观的（尽量）平等的态度对待观念并结合批判性活动，以凸显观念史应有的反思性。首先，基于观念的发生源于现实生活，高瑞泉将观念史研究的目光从经典世界中迁移到现实生活及其变迁中，从经典世界和现实生活世界中真切地探寻观念的变迁。其次，观念史研究必须运用“根植于与社会史相结合、将特定观念置身于观念谱系的研究方法”[1]。在一定的社会历史还原中，结合逻辑分析等方法，“揭示观念之间的逻辑联系或逻辑矛盾”[2]，并将观念置身于由观念的共生关系构成的谱系中，力图切实地通过揭示观念的兴起、发展、变体以展示观念全貌。

从上述国内外颇具影响力的观念史研究范式可知，国内外观念史研究未有统一、固定的研究范式，研究范式具有开放性和一定的学科特性，且对观念的研究要同“文本”“语境”“逻辑”等相联系。观念史研究作为一种意识形态史研究，观念本身及其形式是主观的，但是研究内容是客观的。对观念及其历史进行研究的重要前提是构建一种符合特定学科视角、合乎观念本身的研究框架，以便化“虚”为“实”，全面且客观地揭示观念本真。

在教育学领域，观念史研究方法的运用并不广泛，且未形成对教育观念进行研究的统一的、权威的范式。个别学者对观念史研究方法在教育学领域的应用作出了初步探究，例如，王兆璟在研究中肯定了观念史研究方法对教育领域“观念”层面的研究有重大方法论意义，是探寻教育研究的本义和本真地认识教育研究者自身的一条途径和“改变教育的一种力量”[3]。构建有关国家劳动教育观念演变的研究范式既要立足于教育学视域，又要尊重劳动教育观念作为观念的本质。本书所构建的研究范式并未局限于国内或国外某一特定的研究范式，而是从上述国内外研究范式中汲取一定的合理“内核”。这一合理“内核”主要体现在以下两方面。

---

[1] 高瑞泉. 观念史何为？[J]. 华东师范大学学报（哲学社会科学版），2011（2）：1-10，152.

[2] 高瑞泉. 平等观念史论略[M]. 上海：上海人民出版社，2018：39.

[3] 王兆璟. 意识自觉与观念解放——改革开放以来教育科学研究的观念史分析[J]. 教育研究，2014（2）：43-47.

其一，通过确立观念的主体选择观念的经典文本，并注重选择以实践形态存在着的载体。在考察劳动教育观念时，要确定所持观念是涉及政治精英人士的国家层面的劳动教育观念，还是普通民众的劳动教育观念，抑或是教育实践主体（学校、教师、学生等）的劳动教育观念。劳动教育观念的主体不同，研究中所要“阅读”的经典“文本”就有根本区别，不同主体观念之间的关系亦是复杂、多重的。厘清上述问题，才能进一步确立劳动教育观念的研究方法，设定一定的理论研究维度。

其二，观念的研究既要有“静态”层面的考察，又要有“动态”层面的探究。观念存在于人这一特定主体中，与社会、与现实世界有着复杂的互动关系。劳动教育观念研究必然要将劳动教育观念放置在广阔的语境中加以考察，将观念、观念的持有者、观念的建制等方面联系起来，构建一种动态层面的研究“网”。洛夫乔伊对观念本身的“专注”、对观念本身要素的划分，斯金纳对观念所蕴含的语义、所处的语境、所包含的意图的关注，高瑞泉的批判观念史研究范式等，均对本书观念史研究范式的构建提供了相当的借鉴。

教育领域的观念史研究必然是“思”同“史”的结合。“思”涉及观念逻辑层面的问题，离不开对观念的思辨。“史”涉及以社会物质生产的变迁为基础的不同历史阶段的演变问题，必然结合中国共产党历史、中华人民共和国历史。对劳动教育观念的研究必须将逻辑的维度和历史的维度相统一。换言之，既要考虑观念本身的要素，结构和观念的“发生”“生长”，又要将观念放在历史长河中，考察观念之间在不同历史阶段存在着的内在关系，揭示国家劳动教育观念演变遵循的逻辑原则。

第四节 相关概念辨析

（一）劳动与劳动教育

“劳动”是马克思主义哲学中的一个重要范畴。马克思从人与自然之间的关系出发，将“劳动”界定为“首先是人和自然之间的过程，是人以自身的活动为中介、调整和控制人和自然之间的物质交换的过程”❶。上述对“劳动”的界定的实质是从一般劳动过程对“生产劳动”的理解。一方面，马克思将“生产劳动”和“非生产劳动”放置在资本主义生产过程中进行进一步说明，即能够使资本增值、创造剩余价值的劳动是“生产劳动”，而创造使用价值、与工资直接关联的劳动是“非生产劳动”，且进行“生产劳动”在某种意义上而言是进行“非生产劳动”的前提和基础。正如马克思所言，“工人阶级只有生产了家具、房租、靴子的价值，才能把自己的家具和住房收拾干净，把自己的靴子擦干净”❷。自我服务性劳动、家庭劳动属于“非生产劳动”，是“劳动”的重要类型。另一方面，马克思对社会主义制度下的“生产劳动”也有一定的阐述，即“假定不存在任何资本，而工人自己占有自己的剩余劳动，即他创造的价值超过他消费的价值的余额。只有对于这样的劳动才可以说，这个劳动是真正生产的，也即是说，它创造新价值”❸。

“劳动”在马克思主义视域下具有两种不同的性质，体现为剥削社会中的异化劳动、具有属人本质的真正自由的劳动。一方面，诸如“奴隶劳动、奴役劳动、雇佣劳动”❹ 之类的作为“仅以谋生活动的形式出现”❺ 的强制性劳动是一种异化的劳动。在外在的强制性劳动中，自然界被剥离出劳动者的意识，不再是“人的生命活动的对象（材料）和工具”❻，导致人的精

---

❶ 马克思. 资本论[M]//中共中央马克思恩格斯列宁斯大林著作编译局. 马克思恩格斯文集(第五卷). 北京:人民出版社,2009:207-208.

❷ 马克思.《政治经济学批判(1861—1863 年手稿)》摘选[M]//中共中央马克思恩格斯列宁斯大林著作编译局. 马克思恩格斯文集(第八卷). 北京:人民出版社,2009:227.

❸ 马克思.《政治经济学批判(1861—1863 年手稿)》摘选[M]//中共中央马克思恩格斯列宁斯大林著作编译局. 马克思恩格斯文集(第八卷). 北京:人民出版社,2009:214.

❹ 马克思. 1857—1858 年经济学手稿摘选[M]//中共中央马克思恩格斯列宁斯大林著作编译局. 马克思恩格斯文集(第八卷). 北京:人民出版社,2009:174.

❺ 马克思. 1844 年经济学哲学手稿[M]//中共中央马克思恩格斯列宁斯大林著作编译局. 马克思恩格斯文集(第一卷). 北京:人民出版社,2009:124.

❻ 马克思. 1844 年经济学哲学手稿[M]//中共中央马克思恩格斯列宁斯大林著作编译局. 马克思恩格斯文集(第一卷). 北京:人民出版社,2009:161.

神生活与自然界相脱离。这样，人因着类本质而将自己的生活作为一种有意识的对象化活动颠倒为“自己的生命活动”和“自己的本质变成仅仅维持自己生存的手段”❶，导致了人与人的本质相异化。异化的劳动无法为劳动者自由地发挥自身的体力和智力的综合作用创造条件，也不能在所创造的世界中发展自身。与异化的劳动相对立的是“真正自由的劳动”。马克思指出，“真正自由的劳动”必须满足以下几个条件。首先，“劳动具有社会性”。其次，劳动“具有科学性”，且人“作为支配一切自然力的活动出现在生产过程中”❷。当然，这种“真正自由的劳动”，“同时也是非常严肃，极其紧张的事情”❸。只有当劳动具备了上述两方面的性质，才能为人“把自身当作普遍的因而也是自由的存在物来对待”❹ 创造条件，使人能自由地在劳动创造中直观自身，并与劳动建立起正面的情感体验。通过对“劳动”的不同性质的界定，马克思认为，“劳动”的本质在于将人引至类本质的对象化活动中，在对物的再生产和与自然界的物质交换中实现自身的更高一级再生产，但是其育人本质只能蕴含在一定范畴的“劳动”之中。

就“劳动教育”而言，在20世纪20年代，早期的中国共产党人用以指代将生产劳动与教育相联系、为我国普通劳动者提供智识的教育活动。20世纪30年代，中国共产党人将其纳入学校教育制度中，将教育与一些对人的自然力有耗损的生产劳动、非生产劳动联系起来培养革命新人。“劳动教育”作为一种育人的实践活动与“劳动”作为人类特有的基本实践活动不可简单等同。对少年儿童而言，“劳动”与“劳动教育”之间的关系在于“如何使劳动成为真正的劳动教育的问题”❺。首先，“劳动”作为一种规定

---

❶ 马克思. 1844年经济学哲学手稿[M]//中共中央马克思恩格斯列宁斯大林著作编译局. 马克思恩格斯文集(第一卷). 北京:人民出版社,2009:162.

❷ 马克思. 1857—1858年经济学手稿摘选[M]//中共中央马克思恩格斯列宁斯大林著作编译局. 马克思恩格斯文集(第八卷). 北京:人民出版社,2009:174.

❸ 马克思. 1857—1858年经济学手稿摘选[M]//中共中央马克思恩格斯列宁斯大林著作编译局. 马克思恩格斯文集(第八卷). 北京:人民出版社,2009:174.

❹ 马克思. 1844年经济学哲学手稿[M]//中共中央马克思恩格斯列宁斯大林著作编译局. 马克思恩格斯文集(第一卷). 北京:人民出版社,2009:161.

❺ 周兴国,曹荣荣. 论劳动的育人价值及其实现条件[J]. 南京师大学报(社会科学版),2020(6):30-38.

性范畴存在于我国劳动教育之中，与教育相联系的劳动既可以是“生产劳动”，又可以是“非生产劳动”，主要是排除“异化的劳动”范畴的，具有社会性和科学性的，有利于实现体力和脑力综合运用的各类型劳动。其次，劳动教育中劳动的本质属性必须在“有计划有组织的教育中”才能得到“功能显现”[1]。从事劳动实践活动不能等同于进行劳动教育。就学校教育而言，劳动教育必须是以学校为单位，由专门的教师按照特定的教育目的将劳动以一定的形式有组织、有计划地融入教育过程中的制度化、科学化的实践活动。最后，劳动教育既包括学校劳动教育，又包括家庭劳动教育和社会劳动教育。家庭劳动教育和社会劳动教育则以家庭和社会团体、组织、机构等为单位，由家庭成员和专门的负责人员按照一定的目的、以一定的形式组织儿童、青少年参加劳动实践活动。学校劳动教育、家庭劳动教育和社会劳动教育基于劳动教育资源、劳动教育开展的场所等具有一定关联，但是存在一个重要问题，即劳动教育在社会领域利用一定社会资源开展的过程中涉及劳动教育是否可与“社会活动或事件”“社会活动或事件的教育”相等同的问题。社会领域中的一些活动常常蕴含并集中体现着劳动的“社会性”和“科学性”，对人与他人、与群体之间的关系的反映和建构，以及对人作为主体对自然力支配的能力的展现和培养有着积极作用。毋庸置疑，社会领域中一些活动存有一定教育意义和价值，劳动教育必然要与其发生一定的联系，以使学生在与社会生活、生产实践的直接关联中更深切地了解社会、理解劳动、发展自我。

结合上述三方面，“劳动教育”作为旨在发挥“劳动”的育人价值的教育实践活动，其自身蕴含着三个层面的重要内容。一是教育与劳动是构成劳动教育的两大核心因素，劳动教育是教育同劳动之间双向“耦合”的过程。脱离劳动的教育或只有劳动无教育，无所谓劳动教育。教育“规定”“引导”“发挥”劳动的育人价值，劳动“充实”“激发”教育功能和价值。教育同劳动之间的关系是劳动教育本身的核心要义。二是教育同劳动之间的双向“耦合”需要与一组特殊的条件相联系，如，劳动教育的内容、任

---

[1] 周兴国，曹荣荣. 论劳动的育人价值及其实现条件[J]. 南京师大学报(社会科学版)，2020(6)：30-38.

务、目的、意义、地位、属性、实践方式等。教育同劳动之间的结合不能是无意识的、无组织的，必须要在对劳动教育基本问题的一系列“规定”中寻到制度化、科学化的“耦合”，才能避免任何游戏式、惩罚式、完全生产劳动式的劳动教育，从而充分保证劳动教育之育人本质的根本实现。三是劳动教育无法与社会相脱离，必须要使教育同社会生活紧密联系。当劳动教育作为育人的实践活动发生在一定的社会背景下同一些社会活动、社会事件不可避免地发生联系时，如何看待和处理二者之间的关联关系着对劳动教育的认知。概括地说，劳动教育是一种坚持教育同劳动之间的双向关系，以一系列特定条件规定之，并与社会领域的活动发生关联的育人的实践活动。

（二）劳动教育观念与劳动教育思想

毛泽东对“思想”有明确的界定，即“思想”就是“客观外界的现象”对人的感官进行刺激后形成的感性认识在量的积累的基础上实现的一种“飞跃”而产生的理性认识❶。通过运用概念以做判断和推理，“思想”是抓住了“事物的全体的、本质的、内部联系的东西”❷。“思想”是通过对概念的运“思”而形成的对事物的共性的认知。“观念”作为人脑对客观事物的能动性反映，包括“在特定时刻的全部印象或直接知觉”❸。与“思想”不同，“观念”重在“观”事物，是以特定的视域，采取一定的角度和态度观察事物而形成的关于事物的特性的认识和看法。“观念”是“目”之观与“心”之观所及，“思想”在“观念”的基础上进一步通过抽象的“思”衍生而来。

“劳动教育思想”是指排除了在劳动教育问题上的一切“片面的、现象的、外部联系的东西”，构建劳动教育的“概念和理论的系统”❹。“劳动教

❶ 中共中央文献研究室.建国以来毛泽东文稿(第十册)[M].北京:中央文献出版社,1996:300.

❷ 毛泽东.毛泽东选集(第一卷)[M].北京:人民出版社,1991:285,286.

❸ 高瑞泉.平等观念史论略[M].上海:上海人民出版社,2011:21.

❹ 毛泽东.毛泽东选集(第一卷)[M].北京:人民出版社,1991:286,291.

育观念”是指以劳动教育为主要对象，运用一定的概念思维而集中表达出的特定认识和看法。劳动教育作为一种客体存在具有的整体性和层次性，决定了其在人脑中的客观反映必然会产生非单一化的各种看法和认识。结合对“劳动教育”概念的界定，“劳动教育观念”主要包括对教育与劳动之间关系、对劳动教育的基本问题及劳动教育与社会领域活动之间关系的一系列看法和认识。“劳动教育观念”是一种不断发展着的群簇结构，通常以“观点”这一具体形式加以表达。特定历史阶段的政策“文本”与相关“言论”对劳动教育的任何表述，即是劳动教育观念，都包含着有关劳动教育的某种观点。本书的研究对象是“劳动教育观念”，主要考察国家在制度层面如何“观”劳动教育的相关问题，重点关注国家相关的政策文献资料，析出特定历史时期国家对学校劳动教育发展予以的基础性、方向性的指导观点。

第二章　劳动教育观念演变的理论分析维度

观念的存在形态给观念的研究工作带来极大的挑战。劳动教育观念尚处于“日用之而不知”的状态。系统地构建多重理论分析维度来揭开劳动教育观念的“虚”化外表，是研究劳动教育观念演变必须先行完成的理论工作。

第一节　劳动教育的观念主体及其载体

“idea”是西方观念论哲学和马克思主义哲学中的一个重要范畴。在观念论哲学中，“idea”涉及认识论，主要被用来研究知识的来源问题。“idea”在柏拉图、康德和黑格尔的哲学著作中常译为“理念”，同经验主义视域下的“观念”相异。“idea”作为一种“理念”，是不依赖于外界客观存在的变化而变化的绝对存在。以洛克、休谟等为代表的英国经验主义将“观念”视为可变的、发展着的人的可感知之物或是一种再生式的意象，观念的生成、变化主要依靠人的外部感觉器官和人的心灵作用来实现。

较之于上述“理念”和“观念”，马克思辩证唯物主义哲学中的“观念”是“移入人的头脑并在人的头脑中改造过的物质的东西”[1]。观念对社

---

[1] 马克思. 资本论[M]//中共中央马克思恩格斯列宁斯大林著作编译局. 马克思恩格斯文集(第五卷). 北京:人民出版社,2009:22.

会客观存在具有依存性，而人则是观念的主体，人的理性思维实现对客观实在的能动性反映。离开客观存在，一切观念、意识形态及其发展形态的历史也无从谈起，而离开人的理性思维，包含社会现实生产、社会交往、社会关系等在内的社会存在的诸方面难以被有意识地表现。马克思主义视域下的“观念”同“理念”、经验主义视域下的“观念”的根本区别在于观念作为对客观事物的能动性反映随着社会存在的变迁而变，而观念的能动性和历史性的体现主要在于人的理性思维的作用。

根据马克思对“观念”的界定，不论以何种视域为主要对象的观念之主体都是思维着的人。就劳动教育观念而言，其主体呈现出多元化特征，包括各社会成员、学生、学校教师和校长、教育家、中国共产党、国家。由于观念主体不同，劳动教育观念的表达及其存在形态具有差异性，主要包括：停留在口耳之间的个体感性观点的零散表述，包含于劳动教育实践中的观点表达，相关著述中形成的理论化观点表达，中国共产党制定的路线、方针、政策中具有强制性和权威性的观点表达，以及国家教育方针、政策、指导性思想等涉及的相关制度层面的规定。不同主体的劳动教育观念的存在形态存在区别的同时，观念本身也有差别。其中，国家层面的观念是党和国家就某一问题形成的具有约束性和指导性的一系列观点，是代表最广大人民群众及其子女利益的教育理想和信念合法化、制度化形成的思想的结晶。

本书涉及的劳动教育观念主体是国家，特指中华人民共和国，注意研究党和国家的领导人、政府相关职能部门领导和负责人等国家决策主体在劳动教育相关问题上秉持的一系列观点，涉及的观念载体主要包括党和国家领导人的相关著述、国务院政策文件、中共中央重要文献、政府职能部门领导和负责人的相关著述等。《人民日报》（中国共产党中央委员会机关报）、《人民教育》（中华人民共和国教育部直属的新闻出版机构主办的全国性教育杂志）也是国家劳动教育观念的重要载体。

对制度层面的国家劳动教育观念的考察，需要对观念的重要载体及其丰富的文本、言论进行选择并开展具体分析。国家劳动教育观念的首要载体是经过中国共产党中央委员会和国务院批准的重要决策、意见，一些为党和国家教育事业作出重大贡献的中国共产党人的著述在严格意义上并不是国家劳动教育观念的重要载体，他们对党和国家有关劳动教育问题的直接或间接阐发并未写入国家政策性文本中，但是不能不说，他们的见解与国家劳动教育观念有着一定关联，例如，他们在国家探索劳动教育的发展道路的过程中积极地建言献策，对探究国家有关劳动教育的指示、意见之原义颇为重要。国家形成的有关劳动教育的方针政策与中国共产党有关教育的建议和指示精神具有内在一致性，对国家层面劳动教育观念的研究无法脱离中国共产党在相关问题上的直接或间接的指示以及为国家和人民贡献力量的中国共产党人的劳动教育观点。

第二节　劳动教育观念演变的三重分析维度

劳动教育观念的演变建立在各社会发展阶段劳动教育观念本身及其发展的基础上。劳动教育观念演变的理论研究维度的确立主要通过将逻辑思辨与历史分析相结合来揭示劳动教育观念之“变”与变化之“理”。

（一）劳动教育观念的内在结构之维

通过对劳动教育、劳动教育观念的内涵和外延的界定可知，劳动教育作为一种育人的实践活动，包含教育与劳动之间的关系以及与之紧密关联的一系列重要条件，且与社会领域中的一些实践活动相联系。劳动教育观念则是有关劳动教育的一系列观点的集合体，故以教育同劳动之间的关系、劳动教育基本问题、劳动教育同社会领域的活动之间的关系作为考察和分析劳动教育观念内在结构的三个方面，以析出特定阶段国家劳动教育观念，解决劳动教育观念“是什么”的问题。

其一，对教育同劳动之间关系的认知。我国劳动教育的基本内涵和劳动教育的指导性原则都指向教育与劳动之间的关系是劳动教育的重要方面之一。对教育同劳动之间关系的考察，主要包括两个方面，即对教育同劳动之间辩证关系的认知和对教育同劳动之间结合问题的认知。教育同劳动之间的辩证关系主要涉及教育同劳动之间的隶属关系或比例关系或“依靠”

同“服务”的关系，以及对教育效益和经济效益之间的权衡；教育同劳动之间的结合涉及教育系统同劳动系统结合、教育同生产劳动内容上的结合或方式上的结合。各历史阶段我国对教育同劳动之间关系的认知主要由对上述不同层面以不同排序方式而形成的组合的认知来形成，常侧重于某一方面或某几方面。

马克思主义创始人有关人的全面发展理论已阐明教育与劳动之间相结合之必然性。资本主义私有制条件下的分工导致“精神活动和物质活动、享受和劳动、生产和消费”❶ 呈现出由不同的人来分担的现实之时，发生着相对意义上的一个阶级对另一阶级的排斥，由此，出现了各方面的局限性、片面性；“教育将使年轻人能够很快熟悉整个生产系统，能够根据社会需要或者他们自己的爱好，轮流从一个生产部门转到另一个生产部门”，“使他们摆脱现在这种分工给每个人造成的片面❷”。就儿童而言，虽然“劳动”作为实现人完全占有人的本质的基本实践活动在私有制分工下成为一种“异化”劳动，但是大工业发展使儿童劳动无法被禁止，而劳动作为人的本质决定了人必须是从事物质生产劳动的人，“把初等教育同工厂劳动结合起来”能尽可能地实现儿童多方面的发展，尤其是对未来劳动能力的全面培养，非使之成为“只是承担一种社会局部职能的局部个人”❸。

新中国成立之初，徐特立在对中共中央宣传部教育研究室工作人员的谈话中，着重阐述了教育与劳动之间的关系，即“教育是在劳动过程中产生的”❹，为物质生产劳动的进行和进一步社会化所需要，且物质生产劳动为教育的实现创造了重要条件。教育最初在劳动过程中体现为成年人指导儿童对工具的制作和使用进行有意识模仿；语言等文字符号“在改造物质的生产合作中”产生，概念和思想得以形成和组织，为教育的进行提供了

---

❶ 马克思，恩格斯．德意志意识形态[M]//中共中央马克思恩格斯列宁斯大林著作编译局．马克思恩格斯文集（第一卷）．北京：人民出版社，2009：535.

❷ 恩格斯．共产主义原理[M]//中共中央马克思恩格斯列宁斯大林著作编译局．马克思恩格斯文集（第一卷）．北京：人民出版社，2009：689.

❸ 马克思．资本论[M]//中共中央马克思恩格斯列宁斯大林著作编译局．马克思恩格斯文集（第五卷）．北京：人民出版社，2009：561.

❹ 武衡，谈天民，戴永增．徐特立文存（第四卷）[M]．广州：广东教育出版社，1995：46.

重要的条件，而物质生产劳动的组织化发展对知识的要求进一步促进了教育的发展[1]。虽然教育与劳动之间随着人类社会形态的演变而在学校教育中发生着脱离或结合，但是二者之间的紧密关系及其对人的发展的重要作用不以此为转移。教育与劳动之间的关系必然是劳动教育的核心所在。此外，在对劳动教育概念的界定中已阐明教育与劳动不可相等同，劳动本身蕴含着的育人意义和价值为教育与之相结合奠定了基础；对劳动本身的肯定和认知蕴含在教育要同劳动相联系这一普遍共识中。离开劳动谈教育或离开教育谈劳动都算不上是有关劳动教育的见解。教育与劳动之间的辩证关系、教育与劳动之间的结合是教育与劳动相结合的一体两面，在逻辑上存在着一定的关联。例如：教育与劳动之间的辩证关系是教育与劳动相结合的前提和基础，影响着二者结合目标的实现；教育与劳动之间的结合蕴含着对教育与劳动之间辩证关系的解决。

其二，对劳动教育基本问题的认知。虽然对教育观念的传统理论分析维度的确立存有一定问题，但是并不意味着劳动教育观念的研究与劳动教育基本问题毫无关联。对劳动教育概念的界定已说明劳动教育本身作为育人的实践活动必然蕴含着对一些具体条件的“规定”。制度层面的劳动教育观念不可能脱离劳动教育实践，这也就意味着其中必然会涉及对劳动教育基本问题的思考和认识，以确保有关劳动教育的方针、政策等具有可行性。具体地说，对劳动教育基本问题的认知包括对劳动教育的微观层面和宏观层面的认知，但是本书涉及的对劳动教育何种基本问题的认知是由各历史阶段的历史文献中所涉及的具体层面来决定的。对劳动教育基本问题的认知与对教育与劳动之间关系的认知相互联系，前者建立在后者的基础上，而教育与劳动之间的结合方式、结合内容或二者结合的变化也直接体现在前者中。

其三，对劳动教育与社会领域的活动之间关系的认知，实质上反映了劳动教育与社会之间的关系。社会性是人的本质，人既永远无法脱离社会政治、社会经济、社会文化，又必须在教育和社会生活中被塑造并获得进

---

[1] 武衡，谈天民，戴永增．徐特立文存（第四卷）[M]．广州：广东教育出版社，1995：46，48.

一步发展。教育作为社会结构中一个高度专门化的育人系统，其发展也与社会有着千丝万缕的联系。“教育本身就是一个世界，同时也是整个世界的反映”[1]，学校教育常“与支持着这个学校的社会有着极为深切的关系”[2]。教育常随着社会发展的需要，尤其是社会物质生产条件的变动作出及时的调整和更新，这使得教育更好地与社会发展相适应的同时，学校教育在一定程度上有利于“推动社会生活向前发展”[3]。此外，在学校范围以外的社会领域中的其他设施、场所都具有一定的育人功能。如马卡连柯所言，人受到整个社会中的“一切事件”及其运动等诸多具有教育力量的复杂因素之教育[4]。

劳动教育作为具有极强的实践属性的教育活动，自然无法脱离社会领域中的一些生产性活动或非生产性活动而孤立进行。劳动教育中涉及的生产劳动要素既“交织着教育功能”，又是“为了完成教育以外的更重要的任务而进行活动的”[5]。劳动教育既反映着社会领域的生活，又在一定程度上受到社会周围社会环境中的某些因素的影响和控制，总是以某种形式实现与社会的联系。劳动教育的育人本质也必然要在与社会生活的紧密联系中实现。马卡连柯指出，教育效益须“劳动”“知识教育”“政治和社会的教育”三者并行方可达成[6]。需要指出的是，当结合社会领域中的一些活动进行劳动教育时，二者之间产生了相交叉的部分，看待和处理二者的结合就直观地体现为对劳动教育与社会领域的活动之间关系的认知，常涉及对教育与劳动之间关系的理解，并影响着对劳动教育本身的认知。

---

[1] 联合国教科文组织，国际教育发展委员会. 学会生存——教育世界的今天和明天[M]. 华东师范大学比较教育研究所，译. 北京：中国人事出版社，1996:74.

[2] 大河内一男，海后宗臣. 教育学的理论问题[M]. 曲程，迟凤年，译. 北京：教育科学出版社，1984:57.

[3] 大河内一男，海后宗臣. 教育学的理论问题[M]. 曲程，迟凤年，译. 北京：教育科学出版社，1984:57.

[4] 吴式颖. 马卡连柯教育文集（上卷）[M]. 北京：人民教育出版社，2004:5-6.

[5] 大河内一男，海后宗臣. 教育学的理论问题[M]. 曲程，迟凤年，译. 北京：教育科学出版社，1984:48.

[6] 吴式颖. 马卡连柯教育文集（下卷）[M]. 北京：人民教育出版社，2004:369.

（二）劳动教育观念的“生命”之维

如毛泽东所言，人的认识与社会实践一道经历着由“发生”，到“发展”，再到“消灭”的无穷尽过程❶。劳动教育观念亦是如此。劳动教育观念的“生命”主要体现在观念的“生成”中，而观念的“生成”则涉及两个重要方面。一方面，从观念发生学的角度，对观念进行必要的溯源是全面系统研究观念的基础和厘清观念发展脉络的起端。劳动教育观念的任何演变形态和生长历程都要以观念的发生为起点；撇开探寻劳动教育观念的发生，劳动教育观念的发展、演变等均无从谈起。另一方面，观念的“形成”离不开“经验”，其中，“内在的经验——思维规律和思维形式”是一重要方面❷。制度层面的劳动教育观念并非是主观随意性的产物，其形成所依循的“内在经验”必须是可靠的，而可靠的“内在经验”的传递主要通过理论和实践经验的方式进行。劳动教育观念的“形成”必然涉及一定的理论和实践依据，使形成的观念符合一定的规律并处于一定的原则框架中。通过对特定历史阶段劳动教育观念发生问题和依循依据进行考察，解决了劳动教育观念“何以是”的问题，是研究劳动教育观念演变问题的前提和基础。

研究特定时期劳动教育观念的一大重要方面就是劳动教育观念的发生。考察劳动教育观念的发生就要由当前向过去回溯，往回延伸至何处难以从学理上判断，而观念本身作为一种意识形态的存在也难以用绝对的开端来界定它的发生。本书主要通过解决劳动教育观念为何在这一特定时期触生、由什么触生且如何触生的问题来厘清各历史阶段劳动教育观念的发生问题。“发生”与“触生”在本质上是一致的，“发生”是指观念由无到有的状态的变化，而“触生”则侧重于观点由无到有发生的过程。劳动教育观念发生问题的解决在于对“触生”问题的解决。

---

❶ 毛泽东．毛泽东选集（第一卷）[M]．北京：人民出版社，1991：295.

❷ 恩格斯．反杜林论[M]//中共中央马克思恩格斯列宁斯大林著作编译局．马克思恩格斯文集（第九卷）．北京：人民出版社，2009：344.

施特劳斯谈到观念研究同历史之间的关系时强调观念的两种发生形式：其一，观念源自对客观存在之物的直观反映，其二，观点是“对一种更基本的观念的转化或再解释”[1]。注意观念是否有上述发生形式，抑或考察任何触动劳动教育观念的“幻想、概念、种类或大脑思考时能够调用的一切”[2]，皆有助于揭示劳动教育观念内生历程的起点。但是，需要指出的是，不论观念以何种形式发生，其从无到有并非一蹴而就的，而是逐步生成的。

在某种意义上说，特定语境下的观念总是意图回应或联系社会语境中的某一命题。观念发生的背后必定潜藏着来自社会语境中的动力，即有触生作用的多种因素，那么研究观念的发生就是一个很好的切入点，它包含着较多事实。社会语境与人们对劳动教育的相关认知之间的联系或作用可能向着任何可能的方向发展，那么研究二者之间的触生关系则有利于更深层把握其生成机制，对深入理解特定历史时期形成的劳动教育观念具有重要的价值（亦可研究为什么在特定历史时期未触发应有的劳动教育观念）。

劳动教育观念的依据是考察特定时期劳动教育观念的另一重要方面。劳动教育观念的依据是指劳动教育观念的形成诉诸了何种理论依据和实践依据。根据马克思主义观点，劳动教育观念是客观存在之物反映在人脑中的同时，思维主体利用理性思维诉诸一切可调动的要素进行选择、推理、分析、综合的产物。在思维对客观反映进行能动的加工和改造的过程中，以系统化、科学化、理论化形式存在的理论知识或在实践中积累的经验等，一切可供理性思维调动的要素被充分调动起来。理论依据和实践经验为劳动教育观念进行合理性证明，即为理性思维加工、改造客观反映设定了一定的规则和方向，保证生成的劳动教育观念处于一定的教育规律和原则的框架中。依循一定的理论知识和在教育实践中形成有益经验，保证了生成的劳动教育观念具有合理性。另外，虽然国家劳动教育观念以观念形态存在，但是制度层面的观念最终指向的是劳动教育实践。对劳动教育实践的指向性和指导性也必然要蕴含在劳动教育观念中，这样才是诉诸一定的理

---

[1] 丁耘.什么是思想史[M].上海:上海人民出版社,2006:39.

[2] 列奥·施特劳斯.什么是政治哲学[M].李世祥,译.北京:华夏出版社,2019:3.

论和实践依据的根本诉求，所形成的才是“真”观念。此外，人作为观念的主体，其某些感性思维、情感倾向性等方面不可避免地会融入、反映在劳动教育观念之中。理论和实践依据作为不同形态的“知识”在一定程度上克制或规范了非理性要素进入观念系统的随意性，在为劳动教育观念作出合理性论证和发挥导向功能的同时，亦可反观劳动教育观念本身。

此外，理论的发展或能推动劳动教育观念发生变化，但是根据马克思主义的观点，一切观念的产生和发展的根本要素必然源于社会客观存在。不能以劳动教育观念理论依据可能与观念的触生存在某一交叉点而否定二者作为劳动教育观念“生命”发展之维的不同方面的存在。

（三）劳动教育观念的历史之维

历史的维度是指“从古往今来的连续性和统一体中看待历史事件和历史人物”[1]。就时间维度上看，古与今、过去与现在是相互独立、非此即彼的关系，但是看待历史中的人、物、事件则需要超越过去与现在的时间界限，以古今辩证和融通的观点来对待过去和现在，打破“在场”和“不在场”“旧与新”的二元论，从而以“过去与现在”相结合的“大视域”来实现对历史中的人、物、事件的“真了解”[2]。马克思主义观点下具有历史发展性的观念在研究中必然要“通古今”。

为解决劳动教育观念“如何变”“何以变”的问题，从历史的维度来考察劳动教育观念及其演变，主要涉及两个方面：一方面，将“思”与“史”的结合放置于特定历史阶段中予以考察，以更好地厘清劳动教育观念之间的前后逻辑关系，揭示劳动教育观念变化的重要影响因素。另一方面，将“思”与“史”的结合放在新中国成立至今的历史发展长河中加以研究，以更全面地展现改革开放以来国家劳动教育观念演变的全貌及其蕴含着的特征和逻辑。观念的生成和发展的进程与历史发展进程的自然顺序具有一致性，生成和发展中的观念是对不同社会发展阶段历史的现实发展的一种重

---

[1] 张世英.哲学导论[M].北京:北京大学出版社,2002:307.

[2] 张世英.哲学导论[M].北京:北京大学出版社,2002:311,312.

要反映。现实的历史进程和历史事实为研究劳动教育观念提供了自然的线索，劳动教育观念在与历史的结合中为其在现实中寻到了具体的“例证”。只有在历史的进程中和历史的现实中才有可能揭示以逻辑的形式存在着的劳动教育观念的真实内涵和意义。脱离历史流变的孤立视域，呈现劳动教育观点的演变全貌以及研究其演变的特征和逻辑更无从谈起。

以历史的维度来研究劳动教育观念，要注意避免以“过去的视域”来看待“现在”或以“现在的视域”来对待“过去”。这一点对于在研究中对劳动教育观念进行事实判断和价值判断问题尤为重要。历史在具体展开的过程中，可能会呈现出与现代价值观念体系不符的事实，或出现以现在的视角看来存有偏向的情况，但是，仍要将劳动教育观念放置于历史的事实中加以研究，在历史的语境中充分理解其背后丰富的意涵和真实的意图。

从历史的维度研究劳动教育观念是从宏观上动态地把握劳动教育观念的整个演变过程不可或缺的重要方面，解决了劳动教育观念“如何变”“何以变”的问题。但是，从历史维度研究劳动教育观念并不意味着能完全重现观念作为一种意识形态的全部的真实的历史，而是结合历史的视角来尽可能地客观“回观”劳动教育观念本身及其发展。

综上，教育学视域与观念史研究视域相结合确立了对劳动教育观念研究的三重维度，在避免“虚化”劳动教育观念的同时，对劳动教育观念及其演变进行更为深入和全面的研究，为改变劳动教育观念“日用之而不知”的状态提供一些有益的思考。

第三节　劳动教育观念演变的理论分析维度的确立及其理据

我国对教育观念的界定通常涉及对教育价值、教育本质、教育功能、教育结构等宏观层面的认知和对师生关系、教育内容、教育方法、教育活动、教育过程等微观层面的认知。对教育观念的分析维度常由上述教育基本问题的不同方面以不同排序方式的结合来组成，即将教育观念划分为教育价值观、教育本质观、教育功能观、教育师生观、教育内容观、教育方法观等。

对教育观念的传统分析维度的确立存在着可能导致“观念”之间边界不清的问题。以劳动教育观念为例。对劳动教育价值和劳动教育功能的认知存在着交叉。从教育学理论范畴的划分来看，劳动教育价值和劳动教育功能是两个不同的方面，但是从观念的角度来看，二者不可截然分开，人们对劳动教育价值的看法就蕴含着对劳动教育功能的（先）认知，对劳动教育功能的认识必然肯定了劳动教育的价值。观念之间纵横交错的关联使劳动教育观念被分割成劳动教育价值观、劳动教育功能观等独立观念，为观念的内涵和逻辑关系的清晰而辩证的分析带来不少问题，或难以实现。此外，教育观念的传统逻辑划分容易导致观念研究的狭隘化，使劳动教育观念的生成、发展及观念之间的复杂逻辑关系难以动态而完整地呈现，例如，教育与生产劳动相结合作为劳动教育的指导原则，对教育和劳动之间关系的认知与对劳动教育基本问题的认知相互联系，关系着劳动教育观念的生成和发展。如何在教育价值观和教育功能观的划分中凸显教育与劳动之间的关系则难以解决。教育观念的传统分析维度的划分容易导致观念分析的机械化、狭隘化，产生观念在横向和纵向逻辑关系梳理上的混乱。

此外，教育观念的传统分析维度容易导致混淆“概念”和“观念”的问题。以罗尔斯在《正义论》中对“正义”的概念和“正义观”作出的界定为例。罗尔斯认为：“正义的概念就是由它的原则在分配权利和义务、决定社会利益的适当划分方面的作用所确定的。而一种正义的观念是对这种作用的一个解释。[1]”“正义”的概念是对正义“是什么”形成的一种规定性解释，正义观解决的则是人们如何看待与正义相关的问题。劳动教育观念作为一个概念，侧重于指出国家对劳动教育形成了何种规定，那么对教育观念的传统分析维度的设定则能清晰地呈现出国家有关劳动教育的一系列规定，而劳动教育观念作为一种观念的存在着重是指国家如何看待劳动教育的相关问题。将劳动教育观念作为一种“概念”或是一种“观念”在

---

[1] 约翰·罗尔斯. 正义论[M]. 何包钢，何怀宏，廖申白，译. 北京：中国社会科学出版社，1999：24.

研究中的处理是有一定区别的。

注重“观念”本身是观念史研究的关键。国内外观念史研究范式从不同维度对观念进行研究。洛夫乔伊以单元观念为研究对象探究观念的含义、观念的起源、观念间的逻辑关系（矛盾的、对立的、“非逻辑的联想过程”[1]，观念的变换，观念的结合方式，等等）等。斯金纳得惠于维特根斯坦和奥斯汀有关语言行动的创见，主张从更广阔的社会语境中复原文本著述者言语施事行为的意图。高瑞泉结合观念发生学和知识社会学开创了批判观念史研究范式，将“思”与“史”相结合，在客观且必要的社会史还原中特别是通过广泛的社会思潮来揭示观念的原貌，并明确观念间的逻辑关联（同一历史时期不同观念之间的逻辑关系、不同历史时期观念之间的逻辑关系），以此揭示观念的连续和断裂。此外，为观念研究确立多重的内在逻辑维度，如观念的兴起、观念发展的动力、观念的“变形”、观念的现实力量[2]。

虽然观念史研究中的一些分析维度的设定为研究劳动教育观念提供了处理“观念”及其发展、变化的重要思路和方法，但是不能凸显劳动教育观念演变研究之教育学视角。如若缺失了教育学视角，将上述分析维度生搬硬套到对劳动教育观念的研究中来，那么劳动教育观念的研究也就名不副实，难以客观地、全面地揭示劳动教育观念及其演变的全貌。另外，上述观念史研究者采纳的观念史研究范式也引发了一些争议。例如：洛夫乔伊创造的具有极度抽象性的“单元观念”在他自己的观念史研究案例中也并未一一践行，欠缺历史性也为其观念史研究范式招致不少非议；斯金纳将文本局限于英语世界这一特定语言范围，也被认为使文本空间狭隘化；高瑞泉的批判观念史研究范式以哲学观念为主要研究对象。观念史研究中的分析维度本身存在着一定问题及其具有的学科视角，使其难以完全运用于劳动教育观念演变研究。

劳动教育观念的理论分析维度的确立，既要注意避免传统意义上教育观念分析维度的确立可能带来的问题，又要立足于观念研究之教育学的学科视角，充分借鉴观念史研究中对观念在逻辑关系层面、观念与历史发展

---

[1] 阿瑟·洛夫乔伊.观念史论文集[M].吴相，译.南京:江苏教育出版社,2005:229.

[2] 高瑞泉.平等观念史论略[M].上海:上海人民出版社,2011:22.

关系层面的考察的分析维度，构建一种多维的理论分析维度。其一，根据对劳动教育这一概念的内涵和外延的分析可知，劳动教育是一种具有内在结构性的存在，涉及教育与劳动之间的关系、劳动教育的基本问题、劳动教育与社会领域中一些活动之间的关联。劳动教育观念是以劳动教育为思维的特定对象，必须要立足于劳动教育本身。思维对象存在的结构化特征需要在理论研究维度的确立中对此进行有意识的反映。同时，立足于劳动教育本身，才能更好地把握住研究的教育学视角。

其二，根据马克思主义观点，观念是一种必然经历由生到灭的自然过程的富有生命力的存在。马克思概括为，特定历史时期的物质生产条件和社会政治关系、社会关系等可为这一时期的观念予以说明❶，观念的更迭与生活条件的变动在某种意义上具有内在一致性❷。特定历史时期的旧有经济生活条件、社会关系、政治关系等发生变动，其内部蕴含着的旧的因素被消灭、新的因素产生之时，新旧思想的交替也自然发生。劳动教育观念作为思想的一种，必然涉及新旧观念更迭的发展过程及其结果。实际上，观念史研究中一些分析维度的设立也从侧面说明了观念具有“生命力”。如何从逻辑层面呈现和分析劳动教育观念的生成和发展的过程是其理论分析维度确立的一个重要方面。

其三，劳动教育自身的复杂性、观念具备的“生命力”必然要求从逻辑层面展开相关研究，但是，“逻辑的发展需要历史的例证，需要不断接触现实”❸，从历史的层面展开研究实属必要。恩格斯认为，思想的进程与历史发展的进程之自然顺序具有内在一致性❹，逻辑也是对人类社会发展运动的过程、形式等方面的一种摆脱历史形式的反映方式。单纯局限于抽象的领域，脱离人类社会历史发展现实，将使劳动教育观念的研究欠缺“科学

---

❶　恩格斯.卡尔·马克思[M]//中共中央马克思恩格斯列宁斯大林著作编译局.马克思恩格斯文集(第三卷).北京:人民出版社,2009:459.

❷　马克思,恩格斯.共产党宣言[M]//中共中央马克思恩格斯列宁斯大林著作编译局.马克思恩格斯文集(第二卷).北京:人民出版社,2009:51.

❸　恩格斯.卡尔·马克思《政治经济学批判》[M]//中共中央马克思恩格斯列宁斯大林著作编译局.马克思恩格斯文集(第二卷).北京:人民出版社,2009:605.

❹　恩格斯.卡尔·马克思《政治经济学批判》[M]//中共中央马克思恩格斯列宁斯大林著作编译局.马克思恩格斯文集(第二卷).北京:人民出版社,2009:603.

说明”的“材料”，陷入以偏概全、毫无说服力的境地。

由此，劳动教育观念演变的理论分析维度的确立，既要立足于教育学视角下的观念，又要尊重劳动教育观念本身作为一种“观念”的存在，既要注意劳动教育“是什么”，又不能忽视观念具有“生命”发展的自然过程，力求将逻辑层面的分析维度与历史层面的分析维度相结合，实现对劳动教育观念演变的多维度研究。

第三章　改革开放和社会主义现代化建设新时期劳动教育观念

1976年10月至1978年12月，国家主要对知识学习与参加劳动之间的关系进行阐释，以纠正在劳动教育实践中出现的“左”倾观点，并进一步主张要宽泛地、灵活地看待劳动及其与教育的结合问题，重申“教育与生产劳动相结合”的马克思主义立场。1978—2012年，在教育要主动适应社会主义现代化建设的根本指示精神下，遵循邓小平有关教育同劳动相结合的新论断，国家对劳动教育的指导性观念聚焦于使其与社会主义经济建设、与人的素质的全面提升相适应。

第一节　1976—1978年重申教育与生产劳动相结合的马克思主义立场

1976年10月，国家对文化教育事业中存在的“左”倾思想进行全面纠正，主要围绕教育与劳动之间的结合关系为新的历史条件下劳动教育的发展提供重要的思想理论依据。

（一）澄明“主学”与“兼学”之间的“主从”关系

1977年，邓小平同中央同志的谈话、与教育部负责同志的谈话以及在一些会议上的讲话，开创了教育领域拨乱反正工作的新思路。具体地说，1977 年 5 月，邓小平特别强调必须要尊重知识、尊重人才，不抓知识、不抓科学技术就没有人才，不能实现现代化❶。同年 8 月，邓小平在科学和教育工作座谈会上明确指出，根据毛泽东对德智体全面发展的主张，中小学教育仍要恢复课外活动❷。同年 9 月，在与教育部主要负责同志的谈话中，邓小平明确提出，“劳动可以在中小学就注意”，不能搞太多劳动，并进一步强调，“教育方面有好多问题，归根到底是要出人才、出成果”❸。邓小平有关教育和全面理解毛泽东思想的讲话，为纠正有关劳动教育的“左”倾观点，正确处理教育与劳动之间的辩证关系提供了重要的思想理论基础。

处理教育与劳动之间的关系，首要的是要求完整地、全面地看待和处理毛泽东提出的“主学”与“兼学”相结合的根本精神，明确阐明学校教育必须以教学为主，在不削弱基础科学知识教授的前提下合理地安排生产劳动，并按照教学计划，严格完成教学任务，保证教学质量。1978 年 1 月，教育部颁布的《全日制十年制中小学教学计划试行草案》详细地规定了“主学”与“兼学”之间的“主从”关系，规定了文化课的时间，要求要按质按量切实落实，进一步规定了各级各类学校学生参加劳动的最高时限，要求不得“组织学生参加有害健康的劳动”，“学校不得随意停课”❹。同年 9 月，《全日制中学暂行工作条例（试行草案）》规定，在初中阶段设置生产劳动和劳动课，“为了贯彻以教学为主的原则，全日制中学必须保证全年有九个月的教学时间，一个月的兼学实践”，在“必须按期完成教学计划”的同时，“采取积极措施、妥善安排”学生开展“学工”“学农”的活动，以培养正确的劳动观点、劳动习惯，“向工农群众学习”，克服劳动分等级观点，并且要坚持“教学与生产”相结合、“理论与实际”相结合，“在劳动过程中学习一定的生产知识和技能，扩大知识领域”，且“不得把劳动作为

---

❶ 邓小平. 邓小平文选（第二卷）[M]. 北京：人民出版社，1994：38，40.

❷ 邓小平. 邓小平文选（第二卷）[M]. 北京：人民出版社，1994：54，55.

❸ 邓小平. 邓小平文选（第二卷）[M]. 北京：人民出版社，1994：68，70.

❹ 教育部颁发全日制十年制中小学教学计划试行草案的通知[G]//何东昌. 中华人民共和国重要教育文献（1976—1990）. 海口：海南出版社，1998：1593-1594.

惩罚学生的手段”[1]。同时，《全日制小学暂行工作条例（试行草案）》也规定设置劳动课，培养正确的劳动观点、劳动习惯[2]。可见，这个时期劳动教育主要以独立的劳动课程及“兼学”活动为重要依托，且避免对“主学”与“兼学”之间“主从”关系的规定作出宽泛化理解，即“以学为主”主要是指以系统科学文化知识的传授和学习为主，“兼学”则是在适当地安排生产劳动、不妨碍学校知识教育的前提下，进行劳动观点和劳动习惯的培养。

此外，对“教育与生产劳动相结合”同“教育为无产阶级政治服务”之间关系进行进一步澄明，即学校教育必须要以正确的政治方向为第一位，但不意味着上大量的政治思想道德课，坚持正确的政治方向、提高无产阶级政治觉悟当体现在“兼学”中所蕴含着的政治思想道德教育，同时，“为革命学习科学文化就应当越加自觉越加刻苦”[3]。只有分清“主学”和“兼学”的主从关系，弄清“主学”与“兼学”相结合同“教育为无产阶级政治服务”之间的关系，才能协调好体力劳动和脑力劳动之间的结合关系，培养全面发展的社会成员。

对“以学为主、兼学别样”根本精神的澄明与1975年周荣鑫对“主学”与“兼学”之间“主从”关系的阐释之根本精神大体一致，即保证学校文化知识学习的主体性地位，合理地、适当地安排劳动，这也对新中国成立之初就形成的“学主行从”的基本观点进行了“再解释”。继续坚持贯彻“以学为主、兼学别样”主要有以下考量。一方面，肯定了“主学”与“兼学”相结合遵循了马克思主义基本原则，将体力劳动与脑力劳动相结合、理论与实践相结合，有利于纠正轻视体力劳动和体力劳动者的观点，促进学生走与工农群众相结合的道路。劳动教育实践曾出现的偏向并不能

---

❶ 教育部关于试行全日制中学暂行工作条例（试行草案）、全日制小学暂行工作条例（试行草案）的通知[G]//何东昌. 中华人民共和国重要教育文献（1976—1990）. 海口：海南出版社，1998：1631，1632，1633.

❷ 教育部关于试行全日制中学暂行工作条例（试行草案）、全日制小学暂行工作条例（试行草案）的通知[G]//何东昌. 中华人民共和国重要教育文献（1976—1990）. 海口：海南出版社，1998：1636，1637.

❸ 邓小平. 在全国教育工作会议上的讲话[N]. 人民日报，1978-04-26(1).

否定“主学”和“兼学”相结合的马克思主义基本立场。另一方面，“兼学”是毛泽东在革命战争时期的伟大实践中结合具体实际对具有极大意义的社会实践活动形式进行的重要总结，对培养正确的劳动观点有重要价值。

（二）重申并进一步发展“教育与生产劳动相结合”的马克思主义原则

1976 年以后，在教育与劳动之间的关系上，我国从教育方针的高度和教育发展层面充分肯定了“教育与生产劳动相结合”的正确性和重要性。1978 年 2—3 月，第五届全国人民代表大会第一次会议政府工作报告重申：“必须要正确执行教育为无产阶级政治服务、与生产劳动相结合的方针”❶。邓小平在全国教育工作会议上明确指出了教育与生产劳动相结合对培养全面发展的新一代以及逐步消除体脑差异之不可动摇的重要性❷，肯定了新中国成立以来国家坚持“教育与生产劳动相结合”的马克思主义原则的正确性。

在充分肯定这一马克思主义原则的基础上，邓小平结合社会主义现代化建设任务进一步阐述在新的历史条件下教育与生产劳动实现更好的结合的问题，为国家劳动教育观念的发展指明正确的发展方向。

一方面，相关阐述否定对“劳动”的狭隘理解，破除“扛锄头”“到农村种庄稼”才算是“劳动”的狭隘观点，并主张从宽泛意义来界定“劳动”，将科研工作、农业科学实验、自动化生产等均视为“劳动”，强调脑力劳动与体力劳动皆是“劳动”❸，号召要在党内形成“尊重知识、尊重人才”的“空气”，只有这样，才能抓好教育与科技，进行社会主义现代化建

❶ 华国锋. 团结起来，为建设社会主义的现代化强国而奋斗[G]//何东昌. 中华人民共和国重要教育文献（1976—1990）. 海口：海南出版社，1998：1599.

❷ 邓小平同志在全国教育工作会议上的讲话[G]//何东昌. 中华人民共和国重要教育文献（1976—1990）. 海口：海南出版社，1998：1607.

❸ 邓小平. 关于科学和教育工作的几点意见[G]//何东昌. 中华人民共和国重要教育文献（1976—1990）. 海口：海南出版社，1998：1574.

设[1]。上述有关对“劳动”范畴的界定为进一步理解教育与生产劳动的结合扫除了观念上的障碍。

对“劳动”范畴的理解主要基于马克思主义的立场和观点。主张脑力劳动同体力劳动均是劳动并不是指共产主义社会中脑力劳动同体力劳动之间的“细”和“粗”的本质差别已彻底消失，而是指二者在抽象劳动的范畴内无本质差别。脑力劳动和体力劳动在社会主义建设中的价值创造和对劳动力自身的再生产具有非本质差别的一致性。虽然科学技术的发展程度是构成脑力劳动和体力劳动差别性的重要基础，但是脑力劳动中现代化科学技术因素的不断增加和深化不能从根本上改变其劳动属性。

同时，随着现代科学技术和社会生产力的进一步发展，新的生产领域不断涌现，社会职业分工更加细致化和复杂化，体力劳动和脑力劳动越发无法截然分开，二者之间的界限越发呈现出弥散状态。科学技术作为一种能融通的因素弥散于劳动过程的多要素中，例如，历史上的生产资料和劳动者都是与一定科学技术紧密联系着的[2]。劳动力发挥的过程中，体力劳动和脑力劳动会以一种新的结合方式统一于不同领域的生产劳动过程中，凝结于劳动成果中。例如，在工业方面，要学会现代化的操作技术，在农业方面，要学习农业科学技术，掌握农业机械化的技能，要参加科学种田的生产劳动，并且把两者精密结合起来[3]。邓小平充分认识到科学技术愈发彰显在劳动过程中的重要作用，对脑力劳动和科学技术问题的强调亦是对“农业生产同发展科学文化的密切关系”“从根本上否定教育对农业的促进作用”“把抓教育与抓生产对立起来”[4] 等尚未明晰的观点之申明。澄明脑力劳动也是劳动，既关乎对将体力劳动（者）与脑力劳动（者）之间的关系曲解为一种阶级矛盾和对立关系观点的纠正，又蕴含着新的历史阶段下

---

[1] 邓小平．尊重知识，尊重人才[G]∥何东昌．中华人民共和国重要教育文献(1976—1990)．海口：海南出版社，1998：1573.

[2] 邓小平．邓小平文选(第二卷)[M]．北京：人民出版社，1994：87.

[3] 国务院批转教育部《刘西尧同志在全国教育工作会议上的报告和总结》[G]∥何东昌．中华人民共和国重要教育文献(1976—1990)．海口：海南出版社，1998：1616.

[4] 中共中央批转湖南省桃江县委《关于发展农村教育事业的情况报告》[G]∥何东昌．中华人民共和国重要教育文献(1976—1990)．海口：海南出版社，1998：1751.

对教育、劳动、科学技术三者之间密切关系的深刻思考。

另一方面，邓小平指明了新的历史条件下“正确执行”“教育与生产劳动相结合”的马克思主义原则之具体方向，即结合四化建设、科学技术的发展和人才的培养对教育提出的新要求，认真研究教育与生产劳动实现在内容和方式上更好结合问题❶。邓小平就这一问题作出了两方面的指示。其一，从整个教育事业“必须同国民经济发展的要求相适应”的宏观层面来看待教育同生产劳动相结合，将其放置于我国经济发展计划和教育发展计划的高度上来看❷。其二，进一步思考与教育相结合的劳动类型、劳动时间、劳动方式，以及劳动如何同教学密切结合起来等问题，坚持所学与所用相结合的原则，更充分地调动学生的学习积极性和劳动积极性。

概括地说，1976—1978 年，我国阐明教育与劳动之间的“主从”关系、阐明教育与劳动之间的结合关系，以纠正有关劳动教育的“左”倾观点，并为新的历史条件下劳动教育的发展保持正确的方向，为劳动教育观念的进一步发展提供了一定的思想理论基础。有关教育与劳动之间关系的认知是在马克思主义立场上，结合国家发展的实际需要和教育实践经验，对教育与生产劳动相结合在新的历史条件下作出的“再解释”。对劳动教育问题上“左”倾观点的纠正也蕴含着新的劳动教育观念的重要萌发因素。

第二节　1978—2000 年“与社会主义经济建设相适应”的劳动教育观念

1978 年 12 月，中国共产党第十一届中央委员会第三次全体会议作出把党和国家的工作重心转移到社会主义现代化建设上来的重要决定，进一步指出要“大力加强实现现代化所必需的科学和教育工作”，“重新高速度地、

---

❶ 邓小平同志在全国教育工作会议上的讲话[G]∥何东昌. 中华人民共和国重要教育文献(1976—1990). 海口:海南出版社,1998:1607.

❷ 同❶.

稳定地”推动社会主义经济建设向前发展[1]。党和国家工作重心的转移决定了教育事业的发展必须要能服务于社会主义现代化建设，尤其是要有利于提高社会生产力、推动社会主义经济建设，为中国共产党第十一届中央委员会第五次全体会议提出的《关于确定适合国民经济发展需要的教育计划和教育体制的要求》[2]以及中央书记处有关教育与国民经济发展之间关系的重要指示奠定了重要基础。在进行社会主义现代化建设根本任务和相关指示精神下，劳动教育作为贯彻我国教育方针的重要方面，在教育事业发展和国家经济建设的联动、教育改革与经济体制改革的联动中实现了多样态发展。国家劳动教育观念主要围绕着人的发展及其与社会主义经济建设相适应问题而形成。

（一）教育须与运用和适当反映现代化科学技术及其成果的劳动相结合

在对教育工作的拨乱反正中，邓小平多次强调要进行社会主义四化建设就必须要同时抓教育、抓现代化科学技术。1978 年 5—6 月，谷牧组团访问西欧五国并考察这几个国家的经济发展情况时发现，“五国都非常重视职业教育和技术培养，重视提高管理技能”[3]。访问团呈党中央、国务院的《关于访问欧洲五国的情况报告》着重提出，发展科学技术对国民经济现代化发挥着至关重要的作用，并建议重视生产技术的教育[4]。随着中国共产党第十一届中央委员会第三次全体会议对党和国家工作重心的确立，现代化科学技术同教育的结合势在必行。

具体地说，“教育与蕴含现代科学、生产技术的劳动相结合”的观点之确立，是由为使我国中等教育结构与整个教育事业的发展和国民经济的发

---

[1] 中国共产党第十一届中央委员会第三次全体会议公报[G]//中共中央文献研究室. 十一届三中全会以来重要文献选读(上册). 北京:人民出版社,1987:4,6.

[2] 关于中央书记处对教育工作指示精神的传达要点[G]//何东昌. 中华人民共和国重要教育文献(1976—1990). 海口:海南出版社,1998:1812.

[3] 曲青山,吴德刚. 改革开放四十年口述史[M]. 北京:中国人民大学出版社,2019:23.

[4] 谷牧. 谷牧回忆录[M]. 北京:中央文献出版社,2009:322.

展要求相适应而进行的改革触生的。1979 年 7 月，全国人大代表们在第五届全国人民代表大会第二次会议就提交了“改革教育制度和学制、提高教学质量、发展中等技术教育、加强对青少年的教育”等文教方面的重要提案❶。教育结构改革、技术教育的发展是为推进我国教育事业发展必须深入思考和落实的重大事项。1979 年 7 月 27 日，《人民日报》发文讨论吉林省中等教育改革的必要性、可行性及具体措施。文章着重指出，当前中等教育中各类学校之间的比例失衡严重影响了教育质量和教育事业的发展，与国家经济建设也不相适应，必须在调整中等教育的各类学校的比例、实行办学形式多样化的同时，注意技术教育向普通中学课程的融入，培养一定的劳动生产的知识、技能❷。技术教育向普通教育渗透是进行中等教育改革，提升教学质量，使教育事业的发展、人才的培养同国民经济发展要求相适应的重要途径之一。1980 年 9 月，教育部联合国家劳动总局通过深入调研并与其他有关部门的多次商讨，形成了《关于中等教育结构改革的报告》。该报告指出，中等教育结构单一化使高中毕业生缺乏任何专业知识和技能，“影响了劳动生产率的提高”，“对四化建设和安定团结极为不利”，故以“改革普通高中的课程”“逐步增设职业（技术）教育课”等措施实现普通学校教育与社会主义经济建设相适应❸。将现代科学技术充分融入普通教育和使普通教育融入技术教育因素和职业教育因素，是“全面贯彻党的教育方针”，“促进教育与生产劳动相结合”的重要体现，是培养社会主义现代化建设需要的高级专门人才以及“大批初、中级技术、管理人才和大批有文化、有技术知识的劳动后备力量”的重要途径，以此解决好“教育如何更好地为以经济建设为中心的各项建设事业服务的问题”，对青少年的健康成长、“社会风气的好转”等也有着深远意义❹。

---

❶ 中华人民共和国第五届全国人民代表大会第二次会议提案审查委员会关于提案的审查报告[N].人民日报,1979-07-02(2).

❷ 中等教育结构究竟怎样改革[N].人民日报,1979-07-29(3).

❸ 国务院批转教育部、国家劳动总局关于中等教育结构改革的报告[J].中华人民共和国国务院公报,1980(16):491-496.

❹ 教育部、劳动人事部、财政部、国家计划委员会关于改革城市中等教育结构、发展职业技术教育的意见[J].中华人民共和国国务院公报,1983(12):552-556.

“教育与蕴含现代科学、生产技术的劳动相结合”的观点在普通中小学教育领域主要体现在对劳动技术教育的提出与施行。我国有关劳动技术教育的一系列规定和阐述蕴含着有关教育与劳动之间结合关系的两方面认知。

就教育与劳动相结合的内容而言，国家强调要注意教育与运用现代化科学技术、适当反映现代科学技术成果的劳动相结合。1982 年，教育部规定，普通中学实施劳动技术教育，在一些具有一定条件的城市中，学校除了将植物栽培和动物饲养的劳动同教育相结合外，木工、金工、电工、无线电技术等为生产和生活服务的劳动均可与教育相结合❶。1987 年，《全日制普通中学劳动技术课教学大纲（试行稿）》将农业生产、服务性劳动、公益劳动、日常生活中蕴含最常用的科学技术知识和劳动技能的劳动作为与教育相结合的重要劳动类型❷。换言之，与教育相结合的生产劳动的内涵有了新的变化，不独是工农业生产劳动为主的体力劳动，而是与现代科学技术相联系、蕴含相当脑力劳动、涉及社会生产和社会生活领域的宽泛意义上的“劳动”。在新的历史条件下，我国对通过教育同生产劳动相结合培养的劳动基本知识和劳动技能有了更丰富的理解，劳动知识和劳动技能的培养不再停留在“锄头”之上和简单的生产机械的使用之中。同现代化科学技术紧密联系着的劳动在与教育的结合中所承担的育人任务和目标亦得到进一步拓宽，强调培养满足现代社会生活和社会经济建设要求的基本知识和基本技能，例如，除一些通用的生产知识和技能外，还涉及通用的职业技术知识和基本技能、有关生产的科学管理常识、质量观念、环境保护意识、参与当地经济建设的意识。

以现代科学技术为重要连接点，教育同劳动充分实现更高一级的结合，既要求现代科学技术及其成果在教育中有所反映，又需要将育人规格放置于社会主义现代化建设的总体布局中。科学技术发展与教育发展同向而行，现代科学技术作为生产力同社会生产之间的紧密关系必然要求现代科学技

---

❶ 教育部关于普通中学开设劳动技术课的试行意见[G]//何东昌. 中华人民共和国重要教育文献(1976—1990). 海口:海南出版社,1998:2046.

❷ 国家教委中学教育司关于印发《全日制普通中学劳动技术课教学大纲(试行稿)》的通知[G]//何东昌. 中华人民共和国重要教育文献(1976—1990). 海口:海南出版社,1998:2588.

术成为教育与生产劳动之间的连接点。现代科学技术同生产劳动、教育之间的“依靠”和“服务”关系决定了教育同生产劳动之间的结合方式须向着与现代科学技术有关的、更复杂的方向发展。

但是，教育与生产劳动以现代科学技术作为结合的连接点并不否认教育与劳动一般意义上的结合。1983 年，胡乔木在同何东昌的谈话中指出，马克思主张的教育与生产劳动相结合主要是“人的发展要跟生产劳动的知识联系起来”，“并未讨论生产的规模问题”，教育与手工劳动、日常服务性劳动等相结合培养学生的劳动习惯等也是对教育与劳动相结合无可争论的理解，否则教育将失之偏颇❶。不能对“教育与生产劳动相结合”的马克思主义原则作出僵化理解，不能用与教育相结合的“生产劳动”来排斥或忽视非生产性劳动与教育相结合；不能孤立地、片面地理解用现代化科学技术实现教育与生产劳动在结合方式上的变化，不能一味强调教育同生产劳动在社会主义经济建设的宏观语境中的结合意义和价值，否则将会背离教育同生产劳动相结合最本质和最核心的目的，要培养学生成为既能动脑又善于动手的全面发展的人。虽然教育同生产劳动经由现代科学技术在更高一级实现结合为社会主义建设培养全面发展的人，但是，纠正轻视体力劳动和体力劳动者的错误观点，树立社会主义的劳动观点，形成良好的劳动习惯仍是培养全面发展的人中最为基础的、核心的方面。

“教育与蕴含现代科学、生产技术的劳动相结合”从两个方面对“教育与生产劳动相结合”的基本观点进行了“再解释”。一方面，较之于 20 世纪 50 年代我国对劳动教育中劳动与现代科学、生产技术的之间联系的有限界定，为更好地服务于社会主义现代化建设，培养能适应国民经济发展需要的人，必须要提升教育中的劳动与现代科学、生产技术相联系的深度和广度，以拓宽知识范畴和技能水平。另一方面，除了从党的教育方针的高度来看教育与生产劳动相结合以外，还将其上升到社会主义现代化建设的高度，与教育更好地适应社会主义经济建设相联系。

我国在社会主义经济建设的宏观语境中将教育与蕴含着现代化科学知识和技术的劳动相结合，施行劳动技术教育，是以邓小平有关“教育与生

---

❶ 胡乔木. 胡乔木文集(第二卷)[M]. 北京:人民出版社,2012:580.

产劳动要在结合内容和方式上创新”的重要论断为思想理论基础的。马克思早在19世纪提出“教育与生产劳动相结合”时就明确指出其与社会生产力发展之间的紧密关系，邓小平继承了这一观点，结合中国具体实际，进一步将“教育与生产劳动相结合”提高到须与国民经济发展相适应的高度。有计划地将教育与有利于培养一些初步的劳动生产的知识和技能的劳动相结合在理论和实践层面均是合理且必要的。新中国成立以来，劳动教育在利用适应面广的通用技术培养劳动能力方面积累了一定经验，其也是20世纪70—80年代世界教育的重要发展趋势。20世纪50年代的劳动教育已尝试进行综合技术教育、生产劳动教育等，开始注意到劳动教育中初步的劳动技能的培养问题。劳动技能的培养同劳动思想道德的培养始终是劳动教育的一体两面，不可分割，相辅相成。邓小平进一步阐明了科学技术和教育之间的“并驾”关系、科学技术同生产力之间的密切关系以及科学技术同生产力之基本要素——劳动力之间的关系。人作为“生产力最活跃的因素”，必然是“有一定的科学知识、生产经验和劳动技能来使用生产工具、实现物质资料生产的人”❶。人在教育中获得更好地改造自然和社会的知识和能力尤为重要，与教育相结合的“生产劳动”作为一个宽泛的、发展着的和改造自然和社会的基本领域，其与现代科学技术的融合必然成为普通教育发展的一种必然。

此外，我国也注意到世界教育在重视劳动技能训练方面的发展趋势。例如：1972年，联合国教科文组织国际教育发展委员会的研究报告中已指出，技术教育已经是世界范围内基础教育的重要构成部分❷；1984年10月在日内瓦召开的国际教育大会第39届会议和1986年12月在日内瓦召开的国际教育大会第40届会议强调应在普通初等教育阶段开展“适当的科技入门教育”，在中等教育中“扩大和更新科学技术教学”并“增强教育与生产劳动之间的相互作用”❸。以通用技术改革劳动教育、进行一定劳动技能的

❶ 邓小平. 邓小平文选(第二卷)[M]. 北京:人民出版社,1994:88.

❷ 联合国教科文组织国际教育发展委员会. 学会生存——教育世界的今天和明天[M]. 华东师范大学比较教育研究所,译. 北京:中国人事出版社,1996:85.

❸ 赵中建. 全球教育发展的历史轨迹——联合国教科文组织国际教育大会建议书专集[M]. 北京:教育科学出版社,2005:400,406.

培养在国内外学校教育中均有着可依循的实践依据。

概括地说，在新的历史条件下我国形成的“教育与运用和适当反映现代化科学技术及其成果的劳动相结合”的观点，是在社会主义现代化建设的新形势下，“教育与生产劳动相结合”的马克思主义教育原则实现与社会主义经济建设这一核心任务相适应的新发展之体现，即以具有通用性质的初步劳动技能的培养来回应社会主义经济建设对教育提出的要求和劳动教育自身加强劳动与现代化科学技术知识、技能联系的程度和水平的发展需求。

（二）有关社会主义经济建设所需的知能和价值体系融入劳动教育

在教育领域进行拨乱反正工作后，一些学校劳动教育实践亦走入另一偏向，即在片面追求升学率的影响下劳动教育在实践中被严重忽视。1981年7月23日《人民日报》刊登的题为《全面执行党的教育方针——记上海中学校长叶克平》的文章充分肯定了叶克平校长对学校劳动教育工作的高度重视和切实落实。叶克平校长自学校于1978年复办后顶住“很多学校已取消学生劳动”的“教育形势”，仍将学生参加劳动“作为制度固定了下来”，坚信对学生进行社会主义劳动教育必然有利于知识学习的提高和劳动观点的树立等❶。事实上，1978年后我国为数不少的学校走上忽视劳动教育、片面追求“升学率”的道路，劳动教育在片面追求“升学率”的指挥棒下变得名存实亡。1981年4月，胡乔木提出，请教育部在全国范围内征集有关加强劳动教育的意见并向中央汇报审议。1981年11月，叶圣陶作《我呼吁》一文，呼吁教育部必须要“采取比说话更为有效的措施”来扭转当前“片面追求高考升学率”的偏向❷。叶圣陶的这一呼吁得到了国务院的回应，第五届全国人民代表大会第四次会议上的政府工作报告强调，要解

❶ 全面执行党的教育方针——记上海中学校长叶克平[N].人民日报,1981-7-23(3).

❷ 叶圣陶著;刘国正.叶圣陶教育文集(第一卷)[M].北京:人民教育出版社,1994:613.

决学校学习负担过重的问题，促进学生健康成长❶。

这一阶段，针对劳动教育在实践中被严重忽视的偏向，国家主要在三个方面相继发出了“加强劳动教育”的重要指示。

其一，在初步的劳动生产知识和技能的培养工作中强调劳动教育，即在劳动技术课的施行中加强对学生进行劳动教育。因中等教育结构进行了与社会主义经济建设相适应的改革，1981 年 4 月，教育部规定，劳动观点和劳动习惯的培养、一定的劳动技能的培养均是劳动技术教育的重要内容和主要目的❷。1982 年 10 月，教育部再次强调，劳动技术课的开设必须要“对学生进行劳动观点的教育”，养成进行社会主义劳动的优良品质，并“对学生进行一定的基本生产技术知识和劳动技能的教育”，尤其在农村中学“还要进行热爱农村、建设家乡和农村政策的教育”❸。1986 年 8 月，全国中学劳动技术教育工作座谈会强调，通过劳动技术课对学生进行有关劳动的思想道德层面的培养是思想道德教育的重要方面❹。1987 年 3 月，《全日制普通中学劳动技术课教学大纲（试行稿）》明确指出，“要把思想教育贯穿在劳动技术课的始终”，劳动技术课的目的就是进行有关劳动的思想道德层面的培养和初步的生产劳动、通用的职业技术的基础知能的培养❺。

其二，在中小学德育工作中强调要加强劳动教育。1985 年，我国经济体制改革的相关决议决定了教育领域也要进行改革，在确立教育同社会主义建设的“服务”和“依靠”双向关系的同时，明确指出当前学校教育对

---

❶ 国务院总理赵紫阳.当前的形势和今后经济建设的方针(节录)——在第五届全国人民代表大会第四次会议上的政府工作报告[G]//何东昌.中华人民共和国重要教育文献(1976—1990).海口:海南出版社,1998:1987.

❷ 教育部颁布全日制六年制重点中学教学计划试行草案、全日制五年制中学教学计划试行草案的修订意见的通知[G]//何东昌.中华人民共和国重要教育文献(1976—1990).海口:海南出版社,1998:1927.

❸ 教育部关于普通中学开设劳动技术教育课的试行意见[G]//何东昌.中华人民共和国重要教育文献(1976—1990).海口:海南出版社,1998:2046.

❹ 全国中学劳动技术教育工作座谈会纪要[G]//何东昌.中华人民共和国重要教育文献(1976—1990).海口:海南出版社,1998:2486.

❺ 国家教委中学教育司关于印发《全日制普通中学劳动技术课教学大纲(试行稿)》的通知[G]//何东昌.中华人民共和国重要教育文献(1976—1990).海口:海南出版社,1998:2588.

养成学生“立志为祖国富强而献身的精神很不够”的问题[1]。社会主义现代化建设对学生思想道德层面的教育提出了新的要求，我国学校教育必须要改革同社会主义现代化建设要求不相适应的部分。1986年，彭佩云在制定中学德育大纲的研讨会上发言指出，在德育工作中必须要凸显五育相互配合、渗透和促进的关系，并建议对包括劳动教育在内的五育之具体目标应加以研究[2]。1988年12月，中共中央将劳动教育纳入德育工作中，强调必须要重视劳动教育[3]。1995年2月，《中学德育大纲》正式将劳动教育、劳动和社会实践教育分别纳入初中和高中阶段德育内容要点中[4]。劳动教育成为新的历史条件下我国思想道德教育改革的重要方面。

其三，在全国推进勤工俭学活动工作中强调必须要改变劳动教育、改变劳动教育的薄弱现状，认为“一些教育部门和学校受片面追求升学率的影响，对劳动教育抓得不紧，措施不力”，而“开展勤工俭学，进行劳动教育，对于加强思想政治工作，提高学生抵制精神污染的能力有积极作用”[5]。劳动教育作为“目前教育工作和勤工俭学活动中”的一个薄弱环节亟待加强[6]。尤其在20世纪80年代初期检视农村勤工俭学发展情况时，国家着重提出农村劳动教育与农业现代化不相适应的问题，主张通过加强劳动教育“为农村建设培养大批具有新素质的生产者和经营者”[7]。1978年以来，普

---

[1] 中共中央关于教育体制改革的决定[G]//何东昌. 中华人民共和国重要教育文献(1976—1990). 海口：海南出版社，1998：2286.

[2] 关于制定和实验中学德育大纲的问题——国家教委副主任彭佩云同志在中学德育大纲研讨会上的讲话(摘要)[J]. 中学政治课教学，1986(12)：2-6.

[3] 中共中央关于改革和加强中小学德育工作的通知[G]//何东昌. 中华人民共和国重要教育文献(1976—1990). 海口：海南出版社，1998：2823.

[4] 国家教委关于正式颁发中学德育大纲的通知[G]//何东昌. 中华人民共和国重要教育文献(1991—1997). 海口：海南出版社，1998：3779.

[5] 全国中小学勤工俭学工作情况汇报交流会议纪要[G]//何东昌. 中华人民共和国重要教育文献(1976—1990). 海口：海南出版社，1998：2149.

[6] 国务院批转教育部等部门《关于进一步开展勤工俭学活动的请示》的通知[G]//何东昌. 中华人民共和国重要教育文献(1976—1990). 海口：海南出版社，1998：2075.

[7] 全国农村学校勤工俭学经验交流会议纪要[G]//何东昌. 中华人民共和国重要教育文献(1976—1990). 海口：海南出版社，1998：2230.

遍实行的各种形式的农业生产责任制、实现农业现代化的现实要求同农村教育本身基础薄弱的现状之间形成了极大的矛盾，在这种情形下，国家提出并确立了农村教育要适应农业发展和农村发展新要求的指导观念。劳动教育作为加强教育与生产劳动相结合的典型实践随之被提升到实现农业现代化、发展农村经济的高度，纳入农村教育改革之中。1983 年 5 月，中共中央、国务院正式下发指示，明确了农村学校教育对新一代的培养任务和对农村社会主义建设所担负的主要任务，强调必须加强学生对劳动、农村的正确态度和热爱之情的培养❶。

劳动教育须与农村经济发展要求相适应，具体体现在农村教育改革中对农村劳动教育进行的“适应化”改革。1987 年 4 月，河北省进行农村教育改革实验，在中小学开设劳动技术课和劳动课，结合职业技术教育，改革农村学校教育，培养学生热爱农村的情感并使学生掌握满足当地劳动生产需要的知识和技能❷。1989 年 9 月，国家教委建立“百县农村教育综合改革实验区”，通过劳动技术教育来加强农村普通学校教育改革，培养学生具备“适应当地经济建设、社会发展和人民改善实际生活需要”的劳动观点、劳动习惯、劳动知识和技能❸。同年 10 月，李铁映在全国燎原计划与农村教育改革试验县工作会议上提出，农村基础教育“必须实行文化教育与劳动技术教育相结合的模式”，按照培养合格劳动者所需的各种素质的根本要求，重视劳动技术课，切实培养学生的劳动观点，以及“和工农群众的思想感情，珍惜劳动成果，继承和发扬艰苦奋斗的优良传统”❹。

---

❶ 中共中央、国务院关于加强和改革农村学校教育若干问题的通知[G]//何东昌. 中华人民共和国重要教育文献(1976—1990). 海口:海南出版社,1998:2087.

❷ 国家教委、河北省人民政府关于转发《河北省农村教育改革实验区工作会议纪要》的通知[G]//何东昌. 中华人民共和国重要教育文献(1976—1990). 海口:海南出版社,1998:2606.

❸ 国家教委关于在“百县农村教育综合改革实验区”建立农村初中教育改革实验联系校的通知[G]//何东昌. 中华人民共和国重要教育文献(1976—1990). 海口:海南出版社,1998:2885.

❹ 李铁映. 发展和改革农村教育,为农村社会主义建设服务——在全国燎原计划与农村教育改革实验县工作会议上的讲话[G]//何东昌. 中华人民共和国重要教育文献(1976—1990). 海口:海南出版社,1998:2890.

在1978年以来学校劳动教育被忽视的情况下，国家在社会主义经济建设的全面推进过程中不断强调要加强劳动教育、推动劳动教育向前发展。对劳动教育基本问题的思考亦由此被触发，形成的丰富认识蕴含在上述对劳动教育问题的强调之中。以下从三个方面来讨论国家在劳动教育基本问题上秉持的重要观点。

第一，对劳动教育基本问题的认知因技术教育因素的融入而被增添了新的内容。劳动的观点和劳动习惯的培养、劳动知识和劳动技能的培养是劳动教育基本问题涉及的两大重要方面。但是，不可忽视的是，有关劳动的思想道德的培养和有关劳动的知识技能的培养随着教育阶段由初级向高级阶段的发展而逐渐发生侧重点的变化和具体内涵上的“升级”，且随着产业结构的优化升级、现代科学技术的迅猛发展和时代的变迁，劳动教育在教育内容、任务、目标和意义等方面亦进行着不断的调整。考虑到基础教育和义务教育的性质和任务，国家将为未来从事职业奠定一定的技能基础的技术因素按照“技术”的层次和比重有序融入劳动教育，注意培养处于义务教育阶段的学生应当和能够掌握的有关生产劳动的初步知识和技能，更好地促进学生手脑并用。何东昌解释，“劳”未能单列于全面发展的教育之中的原因主要是“包括在德育里头”❶，但是劳动教育同德育之间的关系并不是完全意义上的隶属关系，劳动知能的培养仍是劳动教育的另一重要目标和意义，“无论小学生还是中学生都要培养初步的劳动能力”❷。

“技术”因素向有关生产劳动初步知能的培养的融入，进一步拓展了对劳动教育基本问题的认知。1987年，《全日制普通中学劳动技术课教学大纲》将劳动技术教育的内容规定为“应用面广”“适用性强”的，“工农业生产、服务性行业、公益劳动及日常生活中最常用的科学技术知识和劳动

❶ 何东昌.把农村教育改革推向前进[G]//何东昌.中华人民共和国重要教育文献(1976—1990).海口:海南出版社,1998:3047.

❷ 同❶.

技能"❶。在社会生产和社会生活中被广泛运用和客观需要的，蕴含现代生产知识、生产技能和管理知识的各类劳动成为劳动教育的重要内容。"尽可能有计划地、较早地接触一些生产技术"以培养学生的更好地服务于社会主义四化建设的劳动实践能力❷是劳动教育的重要任务。劳动教育的目标、意义等进一步体现在对适应社会主义经济建设的劳动能力的培养之中。

当前学界有观点认为，劳动技术教育中将有关劳动的思想道德层面的教育同劳动知识、技能教育相结合，涵盖了劳动教育。例如，卓晴君将劳动技术教育界定为"劳动教育及与生产劳动有关的技术知识教育和技能教育的统称"。劳动教育则是培养正确劳动观点、劳动习惯、劳动态度的教育，其在小学阶段中的技术含量较低，但也有技术因素，且随着科学技术的发展，这种技术因素日益增多，劳动教育"也被用作劳动技术教育的简称"❸。刘世峰认为，狭义层面上，"以思想政治品德教育为目的的劳动教育""仅是劳动技术教育的一个组成部分"，广泛地以"所有的劳动、生产和技术方面的教育活动"界定的劳动教育则是劳动技术教育❹。但是，劳动技术教育作为技术因素向劳动教育融入的产物，不可被视为完全意义上的"劳动的技术教育"，因为所融入的"技术"因素主要是指在一些领域中有利于劳动能力提升的"知识"，不构成技术教育的专门范畴，既不符合"旨在中等教育后期和高等教育初期培养中级人员（技术员、中级管理人员等）"之目的❺，又不关涉技术的思维意识、态度的培养，以及技术价值观的专门养成。

---

❶ 国家教委中学教育司关于印发《全日制普通中学劳动技术课教学大纲（试行稿）》的通知[G]//何东昌. 中华人民共和国重要教育文献（1976—1990）. 海口：海南出版社，1998：2588.

❷ 全国中学劳动技术教育工作会谈会纪要[G]//何东昌. 中华人民共和国重要教育文献（1976—1990）. 海口：海南出版社，1998：2486.

❸ 卓晴君. 关于促进中小学教育与生产劳动相结合的行动建议[J]. 中国教育学刊，1997（3）：37-40.

❹ 刘世峰. 中小学劳动技术教育[M]. 北京：人民教育出版社，1987：77.

❺ 杨金梅. 联合国教科文组织对职业、技术教育名词的解释[J]. 职业教育研究，1987（2）：37.

第二，对劳动教育基本问题的认知因社会主义经济建设所需的价值体系的融入被拓宽，被引向树立为社会主义经济建设服务和如何服务的方向上，立足于凸显、适应、服务于社会主义经济建设对思想道德层面的现实要求，例如，“勤俭节约”“勤劳致富”“质量、利益和服务”“艰苦奋斗”等观点的培养是劳动和社会实践教育的主要任务和目标，是社会主义经济建设对人在劳动中应具备的思想道德品质的具体要求❶。具体地说，勤俭节约是办一切事业的根本精神，是社会主义生产力发展所要依循的重要精神；“勤劳致富”直接将劳动同富裕联系起来，破除了“平均主义”思想，是明确社会主义按劳分配原则的思想基础，可使学生在社会主义经济建设的“语境”中更确切地理解劳动的意义和价值；产品质量和社会效益在当前被作为社会主义经济建设的核心问题来抓，树立质量观、效益观是社会主义经济建设中对劳动行为和劳动成果认识的一个重要方面；“艰苦奋斗”更是中华民族在劳动中形成的民族精神的一种表达，直接关乎在“穷，底子薄，教育、科学、文化都落后”现状下的社会主义现代化建设❷，是社会主义建设者和接班人的必备品质。劳动的教育性价值的发挥不仅局限于纠正轻视体力劳动和劳动者问题，还要培养学生对社会主义经济建设的认知能力。

在思想道德培养层面，对劳动教育基本问题的认知主要围绕着将劳动观点和劳动习惯同社会主义经济建设所要求的劳动素质、劳动成果分配原则等问题相联系，强调在实践活动中了解乡情和国情，明确如何更好地为社会主义劳动，使劳动观念和劳动习惯形成真正的能力。将社会主义劳动观和劳动习惯同社会结构中其他的要素相联系以直接地或间接地为社会主义经济建设服务，将劳动观点和劳动情感的培养进一步发展为培养社会主义建设尤其是社会主义经济建设所需的思想观念和服务意识等，并将其作为社会主义建设者综合素质的重要组成部分。张承先强调，“劳动与德育有关，缺乏劳动观点，是关系到能不能确立正确世界观的问题”❸。劳动教育

❶ 国家教委关于正式颁发中学德育大纲的通知[G]//何东昌.中华人民共和国重要教育文献(1991—1997).海口:海南出版社,1998:3779.

❷ 邓小平.邓小平文选(第二卷)[M].北京:人民出版社,1994:257.

❸ 张承先.张承先教育文选(1979—1995)[M].保定:河北大学出版社,1996:173.

对社会主义思想道德层面培养的直接指向性始终是最基础性的和最根本的，正是由于这一原因，劳动教育在当前全面发展的教育体系中仍未完全脱离德育范畴而具备独立的地位。

对劳动教育在德育层面认知的拓展是在社会主义精神文明建设重任下，在思想道德层面坚持防止和克服资产阶级自由化思想对学生思想道德观念产生冲击的重要考量。20 世纪 80 年代初，我国注意到资产阶级自由化思潮的蔓延对学生政治思想和道德产生冲击，容易影响学生站稳社会主义立场，容易消解学生服务社会主义的思想观念。"'个人本位主义'就是资产阶级自由化思潮在伦理道德领域的一种表现形式"❶。"个人本位主义"在学生思想道德层面主要表现为：片面追求物质享受，不愿扎实了解国情和乡情，不积极投身生产劳动前线，轻视并远离普通劳动者，作风和学风虚浮，等等。在这样一种背景下，重视并加强劳动教育，强调在劳动的基础上形成服务社会主义的观念，有利于在教育领域的指导思想上和学生思想道德层面将"个人本位"同"社会本位"辩证统一，对在"'人性与社会性''个人与集体''利己与利他''为我与为人民'诸问题上"❷始终坚持以社会主义集体价值观来统领，明确个人的发展必须在社会发展中得以实现这一问题有着重要的现实意义。

朱开轩直言，建立与社会主义市场经济体制相适应的、区别于资本主义的"社会思想和价值体系"，并以此更好地引导社会主义市场经济和社会的健康发展是我们的一项重任❸。以正确的劳动观点的培养为基础，将有利于社会主义经济健康发展的价值体系融入其中，正是劳动教育在新的历史条件下在思想道德层面育人功能的重要发展，具有极强的时代特征和现实意义。

第三，因劳动教育被放置于农村经济建设和农业现代化发展的语境中，对劳动教育的认知被融入新的内容、目标和意义，强调以满足农业发展和当地经济发展需要为主的劳动观点、劳动习惯、劳动基本知识和劳动技能

❶ 温克勤．评"个人本位主义"[N]．人民日报，1991-03-25(5)．

❷ 张承先．张承先教育文选(1979—1995)[M]．保定：河北大学出版社，1996：515．

❸ 朱开轩．新时期学校德育工作的纲领[N]．人民日报，1994-09-28(3)．

的培养，更好地实现社会主义现代化建设的战略目标。农村劳动教育在育人内容、任务、目标、意义等问题上的新发展主要体现在以下几个方面。

首先，强调生产劳动的思想道德和服务意识的培养须与农村经济发展相适应。1987 年，国家教委副主任王明达在农村教育发展经验交流会上着重提出，农村地区尚存在一些错误观点，必须要破除不重视劳动和劳动教育的观点，例如，认为："农村孩子在家是离不开劳动的，到学校主要就是学文化，还搞什么劳动?"❶。体脑劳动相分离的错误观点在农村地区根深蒂固。一些学校"唯升学率"和一些学生"唯升学"的思想也是典型证明。当前一些农村学校的学生仍"缺乏建设家乡、建设农村、热爱劳动的理想，普遍不安心农村，要求跳出'龙门'"❷。农村学校的劳动教育必须培养学生热爱家乡、热爱农村、立志建设社会主义新农村的劳动观点和劳动情感。服务于建设社会主义新农村的态度和情感是劳动教育中德育范畴的题中应有之义。离开建设社会主义新农村的态度和情感，社会主义劳动观点无从谈起。

其次，强调劳动教育中生产劳动技能的培养须与农村经济发展相适应。1989 年，王明达引用了与德国霍克的谈话，说明了劳动技术与劳动思想、素质之间的关系以及同社会实际之间的关系，即"要把德智体美劳中的劳，看成一种技能，一种素质，对不具有职业能力的人不能说他有很好的劳动观点，不能说他有了劳动的品德和素质，脱离职业技术教育就是脱离实际，脱离劳动技能谈劳动素质就是脱离实际、脱离经济、脱离生产力的发展"❸。农村学校学生的劳动技术能力直接关系社会主义新农村建设的成败，必须切实实行带有职业技术教育因素的劳动技术教育。农村产业结构的进一步升级，农业与现代化科学技术结合的迫切性和复杂性要求劳动技术的现代化、科学化程度越来越高。空有建设社会主义新农村的态度和情感，缺乏坚实的劳动技术和劳动能力，社会主义新农村建设也无法实现。

---

❶ 国家教育委员会农村教育综合改革（燎原计划）办公室. 坚实的步伐——农村教育综合改革和燎原计划历次重要会议文献选编[M]. 北京：教育科学出版社，1993：166.

❷ 宁韬. 农村学校教育要为农村四化建设服务[J]. 人民教育，1987(1)：9，14.

❸ 国家教育委员会农村教育综合改革（燎原计划）办公室. 坚实的步伐——农村教育综合改革和燎原计划历次重要会议文献选编[M]. 北京：教育科学出版社，1993：219.

最后，强调智力素质的培养须与农村经济发展相适应。劳动教育不只停留在社会主义劳动观念和情感的培养，劳动技术教育不只要求学生掌握一些通用的、适应性强的劳动技术，还要求与学生的智力开发相联系，要求同科学文化知识的联系更密切，全方位提升学生的素质，尤其强调在劳动教育过程中提升学生分析问题、解决问题的能力，并加强对一些经营管理知识的掌握。

在农村经济建设的语境下，对劳动教育基本问题的认知是对农村地区存在着的“学习无用论”的有力回应。通过教育的本土改革来实现经济效益的最大化为扭转农村存在的轻视教育和知识的观点提供了现实依据。李岚清在回忆农村教育发展情况时指出，“学习无用论”实际上也反映出我国农村学校教育在教学内容和教育方式方法上存在着的一些问题，换言之，如果不能切实教授农村学校学生一些“实用科技知识和劳动技能”，“那他就很难有学习的积极性”[1]，难以得到农村地区群众和学生的认可。

结合上述对劳动教育基本问题的认知，总体上看，对劳动教育在思想道德层面培养和劳动生产的基本知识、技能层面培养的认知产生了与社会主义经济建设相适应的发展。这一观念的产生主要涉及三个方面的依据，即“技术教育”在社会主义经济建设和教育发展中具有的理论和实践层面的合理性，在国家发展和经济建设中长期积淀下形成的价值观，国家在社会主义经济建设过程中建构起的农村教育、农业现代化发展和农村经济建设之间的根本关系。在进行社会主义经济建设和新的历史条件下培养全面发展的人的双重任务之下，我国利用思想道德层面的“适应化”培养和劳动生产的基本知识、技能层面的“适应化”培养的方法对此予以了一定的回应，将“技术教育”的育人功能、社会主义经济建设所需的价值体系进行了一定程度的“转化”，这在观念层面充分体现了我国将劳动教育放置在社会主义经济建设的语境中对“教育要主动适应经济和社会发展需要”的根本观念的一种践行。

---

[1] 李岚清. 李岚清教育访谈录[M]. 北京：人民教育出版社，2004：260.

（三）社会领域的活动以“社会实践”的方式融入劳动教育并为之服务

1978年以后，“教育与生产劳动相结合”在我国经历了一个从排除异议、坚定坚持，到“社会实践”融入其中的发展过程。中国共产党第十一届中央委员会第三次全体会议以后，教育部联合教育界相关人士针对是否将“教育与生产劳动相结合”单独纳入新教育方针展开了讨论。讨论反映出一个问题，即在肯定教育同劳动相结合的科学性和正确性的基础上，考虑到过去在教育实践中出现的偏向，提出了其与新的历史条件下的教育相“适应”的问题。张承先、顾明远、柳斌等坚持将“教育与生产劳动相结合”单独写入新教育方针，但其他观点认为，教育同生产劳动相结合“并不完全适应各类教育部门，没有概括培养各类人才的基本内容和途径，因此，不宜在方针中单独提出”[1]。肖宗六指出，“把教育的内容和对象完全同生产劳动结合起来”不现实、不必要，不宜直接写入新教育方针中，且20世纪50年代后期起，“教育与生产劳动相结合”的教育方针明显带有“左”的色彩，产生了“长期的”“全国性的”偏差，不只是劳动教育实践产生了一定的偏向[2]。1981年，蒋南翔明确表示：“中央书记处认为这个方针是正确的，今后仍应坚持。”[3] 20世纪90年代，张承先发文强调要正确区分“‘教劳结合’的科学内涵与历史上‘左’的错误对这一科学命题的歪曲和误解”[4]，后经学术探讨，逐渐使一些对教育同生产劳动相结合持怀疑态度的同志统一了认识。

针对存在的对教育与生产劳动相结合教育原则的“动摇”和“怀疑”态度，张承先和何东昌等几次强调教育同生产劳动相结合的社会主义属性。1982年，张承先明确指出，教育与生产劳动相结合在革命战争时期就被纳

---

[1] 苏渭昌. 中国教育思想通史[M]. 长沙:湖南教育出版社,1994:292.

[2] 肖宗六. 新时期教育方针的再探讨[J]. 教育研究与实验,1986(1):40-43.

[3] 思想政治教育是学校教育重要组成部分[N]. 人民日报,1981-09-09(2).

[4] 张承先. 张承先回忆录—我亲历的党的宣传和教育工作[M]. 北京:人民教育出版社,2002:212.

入教育方针，是我国教育的社会主义性质的一种根本体现，关系到“坚持社会主义方向，培养无产阶级革命事业接班人”❶。张承先进一步说明我国与资本主义国家在教育与生产劳动相结合问题上的出发点和归宿有着本质区别，即我国是为了“培养社会主义全面发展的新人”，而资本主义国家是为生产“培养更熟练的劳动工具”❷。何东昌同张承先的观点基本一致，强调必须要注重教育方针的正确性和教育的方向问题，要研究我国和资本主义国家在教育同生产劳动相结合问题上的异同点，承认教育既有阶级性的一面，又不全有阶级性，故这里存在一个教育科学研究的问题。何东昌指出，我国教育同生产劳动相结合在目的上和内涵上同资本主义国家有着显著区别❸。虽然教育同生产劳动相结合成为世界教育的发展趋势，但是在我国依然存在着一定的社会主义属性，必须坚定不移地执行这一马克思主义原则。

此外，针对“两个凡是”的错误观点，中共中央强调，“检验真理的标准只能是社会实践”❹，要准确地、完整地理解毛泽东思想必须要坚持“理论与实践的统一”，这是“马克思主义的一个最基本的原则”❺。将“社会实践”作为检验真理的唯一标准后，“社会实践”作为人“改造客观世界的活动”“主观见之于客观的东西”，首先在高等学校教育工作中被提出，后被作为教育领域中的一个重要问题加以研究。随后，“社会实践”被纳入对教育同生产劳动相结合问题的理解中，成为加强劳动教育的一种有效形式和重要内容，进而触发了劳动教育与社会领域的活动之间关系的进一步构建。

虽然“教育与生产劳动和社会实践相结合”于2010年3月由胡锦涛在

---

❶ 张承先.张承先教育文选(1979—1995)[M].保定:河北大学出版社,1996:172-173.

❷ 同❶.

❸ 何东昌.有中国特色的社会主义教育需要有中国特色的教育科学[G]//何东昌.中华人民共和国重要教育文献(1976—1990).海口:海南出版社,1998:2133.

❹ 实践是检验真理的唯一标准(特约评论)[N].人民日报,1978-05-12(2).

❺ 同❹.

全国教育工作会议上作为我国教育方针被着重提出❶，但是自20世纪80年代起，“社会实践”的提出及其向教育的融入过程已在观念层面触发了“社会实践”向劳动教育的有序整合，并在实践层面得到不同程度的体现。我国既以“社会实践”这一马克思主义概念来科学化界定社会领域的活动，又以符合教育基本规律和教育目标来界定“社会实践”与教育之间的关系，由此构成了对劳动教育与社会实践之间关系的“再阐释”，即社会领域的活动以“社会实践”的形式服务于劳动教育的基本规律和目的，实现了劳动教育与社会领域的活动之间的科学互动对社会主义经济建设的适应化发展。

其一，“社会实践”被纳入劳动教育的思想道德层面的培养工作中，成为加强劳动教育的重要途径和内容。1988年，国家教委在《中学德育大纲(试行)》中将“进一步加强劳动教育与社会实践指导”工作纳入劳动教育一列内❷。1990年，国家教委发出指示：劳动和社会实践教育是小学德育工作的重要方面，要使学生在劳动和社会实践活动中，树立正确的劳动观点、劳动情感、劳动习惯，增强对乡情、国情的了解以及建设家乡、国家的责任感。1995年，《中国德育大纲》将“校内生产劳动”和“社会公益劳动”等纳入劳动教育的主要实践活动中，以培养劳动观点、劳动情感，将社会公益劳动、“学工、学农、军训为主的劳动”等作为劳动和社会实践教育的主要实践活动，培养勤俭观念，勤劳致富和创造美好生活的观念，质量、利益和服务观念，艰苦奋斗的观念❸。

其二，“社会实践”被纳入劳动教育在劳动知能层面的培养工作中。结合“社会实践”加强劳动技术教育要求“社会实践”必须服从对学生的劳动观点、劳动习惯和劳动知能培养的目的和任务。1996年，国家教育委员会发布《关于加强普通中学劳动技术教育的意见》，指出组织工农业生产劳

---

❶ 胡锦涛. 胡锦涛文选(第二卷)[M]. 北京:人民出版社,2016:418.

❷ 中学德育大纲(试行)[EB/OL]. 首都文明网:http://www.bjwmb.gov.cn/zxfw/wcnrfw/wcnrjy/xydy/t20090531_258815.asp,2009-05-31.

❸ 国家教育关于正式颁发中学德育大纲的通知[G]//何东昌. 中华人民共和国重要教育文献(1991—1997). 海口:海南出版社,1998:3779.

动、参观访问、公益劳动等社会实践活动必须要服从学校教学计划[1]。“社会实践”被规范地纳入劳动教育中，成为学生了解国情和社情、走与工农群众相结合道路、培养真正实践能力的教育活动。劳动技术教育与社会实践的关系是保证服务方向的关系；社会实践与劳动技术教育的关系是保证培养目标实现的关系。思想道德培养和实践能力的锻炼共同统一于劳动技术教育同社会实践的结合中。

其三，就“社会实践”与农村劳动教育之间的关系而言，“社会实践”以多类型的实践活动服务于农村劳动教育的基本规律和要求。社会领域的活动在农村教育中实现了“适应化”发展，即以农村生产服务性劳动为主，纳入教育为农业发展、农村经济发展服务的范畴内，服从农村劳动教育的根本要求和目标，尤为注重同劳动技术、科学试验有关的社会实践活动，直接为农村当地生产和经济建设服务。1984 年，共青团中央学校部在山西晋城召开农村中学教育改革现场观摩座谈会，《人民日报》对此做专门报道，指出农村中学社会实践活动为农村中学改革寻到突破口，介绍了某公社中学学生结合当地家畜养殖实际定期进行对口劳动，在家庭生产中推广农业新技术，帮助公社试验和推广药材种植。社会实践将劳动、科学技术、教育紧密联系，不从单纯获得经济利益的目的出发，而是以服务农村生产和经济建设为根本目的，受为农村经济建设服务的劳动教育观念之统摄。

社会领域的活动因其社会属性，其既是对社会现实的一种反映，也是对社会发展和进步的基本情况的一种“概观”。“社会实践”一定程度上囊括包括“生产劳动”和其他活动在内的社会领域的活动，呈现出对教育作为一种促进社会发展的社会实践活动所具备的育人本质的重要遵循。不论是社会调查、科学考察远足、社会服务，抑或是农业生产劳动、商业劳动、服务性劳动，从实践类型上看，都是同社会生产力发展和社会主义现代化建设有关的社会实践活动，从实践目的和价值取向上看，都是在对社会活动科学化划分的基础上，以育人为导向，以期实现培养社会主义建设人才的目的的活动。劳动教育与社会领域活动的结合既不再使劳动教育担负一

[1] 国家教育委员会. 关于加强普通中学劳动技术教育的意见[J]. 学科教育，1996(7)：8-9.

定的社会生产任务，也不再通过组织学生直接参加社会政治运动、社会经济活动来实现对劳动观念和劳动习惯的培养。在二者的结合中，既可“看到四化建设对人才的迫切需要”，又可见劳动观点和劳动习惯的培养始终是共产主义思想教育的核心❶。

邓小平有关教育与生产劳动相结合的重要指示为教育与生产劳动相结合在新的历史条件下当如何发展指明了方向并提供了一定的思想理论依据。同时，中国共产党在革命战争时期就创造性地将社会领域的活动融入学校教育中。教育同社会实践相结合是中国共产党领导下的学校教育在育人方面经过实践的检验形成的一种典型实践模式，以多样态的社会实践作为蕴含丰富的育人资源的活动来实现学生的发展，与“环境的改变”同“自我改变”相一致、“改造主观世界”同“改造客观世界”相一致的马克思主义相吻合。以社会实践来改造传统劳动教育具有理论和实践上的双重依据。

综上，1978—2000年，国家劳动教育观念的构建基本围绕着社会主义经济建设对教育的新要求和对劳动教育的薄弱现状的改变而进行，以思想道德层面和初步的劳动技能层面的“适应化”培养为主要方式对社会主义现代化建设和劳动教育自身发展予以了重要的回应。虽然社会主义经济建设以“人力资源”开发的迫切需求“介入”劳动教育中，且劳动教育予以了切实的回应，但是劳动教育中的“人力资源”的开发问题呈现出了“主次”之分的考量，劳动教育培养的为社会主义经济建设服务的“全面发展”的人具备的劳动者素质尚是初步的，还未达“向生产的广度和深度进军”的劳动素养培养的高度❷。随着技术力量、社会生产力水平等由低级向高级发展，劳动教育在对社会主义现代化建设中国家人力资源的塑造问题进行不断回应过程中向着培养具有更合理的素质结构的人的方向发展。当前“与社会主义经济建设相适应”的劳动教育观念为构建劳动教育与素质教育之间、与人的素质的全面提升之间的“适应化”关系奠定了重要基础。

---

❶ 发扬革命传统投身社会实践[N].人民日报,1983-12-09(3).

❷ 李先念.在中央工作会议上的讲话[G]//中共中央文献研究室.十一届三中全会以来重要文献选读(上册).北京:人民出版社,1987:76.

第三节　2000—2012年“与素质教育相适应”的劳动教育观念

随着素质教育的确立和全面开展，劳动教育被纳入素质教育轨道中，并进行了“适应化”改革，成为素质教育的构成内容和重要实施途径，以在社会主义现代化建设中更好地贯彻我国的教育方针，培养德智体等全面发展的社会主义建设者和接班人。随后，对劳动教育相关问题的思考和阐述都受到了全面提升人的素质这一宗旨的统摄。但是，以全面提升人的素质来理解劳动教育的同时，有关劳动教育的一些问题未得到更充分的研究。

（一）教育与有关生活、科技进步趋势的劳动相结合

根据党的十四大、党的十五大有关提升全民族科学文化水平和思想道德素质❶、实施“科教兴国”战略、“促进科技、教育同经济的结合”❷的重要指示精神，我国相继出台了一系列深化教育改革、促进教育发展的重要文件，将学生素质的全面提升、强化教育与科技的结合等摆在了教育改革和发展的重要位置。1988年开始起草、1993年正式印发的《中国教育改革和发展纲要》将劳动观点和劳动技能的教育纳入“实现学校培养目标的重要途径和内容”，指出学校教育要全面提高包括劳动技能在内的各方面的素质❸。1998年，《面向21世纪教育振兴行动计划》将实施劳动技术教育纳

❶　江泽民.加快改革开放和现代化建设步伐,夺取有中国特色社会主义事业的更大胜利[G]//中共中央文献研究室.十四大以来重要文献选编(上).北京:人民出版社,1996:25.

❷　江泽民.高举邓小平理论伟大旗帜,把建设有中国特色社会主义事业全面推向二十一世纪[G]//中共中央文献研究室.十五大以来重要文献选编(上).北京:人民出版社,2000:27,28.

❸　中国教育改革和发展纲要[G]//何东昌.中华人民共和国重要教育文献(1991—1997).海口:海南出版社,1998:3468,3472.

入“加强和改进学校的德育工作”之中[1]。1999 年，中共中央、国务院正式将劳动技术教育、社会实践纳入素质教育的轨道中，通过生产劳动和社会实践教育增强学生对社会和自然的认知，培养正确的劳动观点[2]。劳动观点和劳动技能的培养关系到我国教育方针的贯彻，成为我国教育领域深化改革的重要方面。

素质教育是 20 世纪 90 年代以及跨世纪国家教育改革和教育发展的重点工程和核心问题。全面推进素质教育既是对改革和建设事业的主要部署的贯彻，又关系到落实科教兴国战略和提升全体社会成员的素质。劳动教育在我国不断深化的教育改革中被纳入其中成为全面提升学生素质的重要方面。1996 年，国家教委基础教育司在全国普通中学劳动技术教育、职业指导研讨会上指出，贯彻教育同生产劳动相结合的教育方针，“实施劳动技术教育，是促使基础教育由应试教育向素质教育转变的突破口”[3]。同年，柳斌着重指出，以人为本、全面推进素质教育，必然要求加强劳动教育，因为“热爱劳动并具有劳动技能是国民的重要素质”[4]。1997 年，李岚清在全国中小学素质教育经验交流会上的讲话中强调，素质教育关乎学生的全面成长，“学会劳动”当是素质教育应担负起的重要教育内容和任务[5]。归根到底，劳动教育与全面推进素质教育和提升人的素质之间紧密关系的构建由教育更好地适应社会主义现代化建设而触发。此外，1978 年以来，劳动教育的薄弱现状必然使之成为全面推进素质教育亟待加强的重要方面。

从 1998 年 12 月《面向 21 世纪教育振兴行动计划》提出要在 2000 年初

---

[1] 面向 21 世纪教育振兴行动计划[EB/OL].教育部网站:http://www.moe.gov.cn/jyb_sjzl/moe_177/tnull_2487.html,1998-12-24.

[2] 中共中央、国务院关于深化教育改革全面推进素质教育的决定[G]//何东昌.中华人民共和国重要教育文献(1998—2002).海口:海南出版社,2003:286.

[3] 国家教委基础教育司.全国普通中学劳动技术教育、职业指导研讨会会议纪要[J].学科教育,1996(2):1-3,4.

[4] 在全国构建督导评估机制推动实施素质教育汨罗研讨会上的讲话[G]//何东昌.中华人民共和国重要教育文献(1991—1997).海口:海南出版社,1998:4001.

[5] 李岚清.面向 21 世纪开创基础教育的新局面——在全国中小学素质教育经验交流会上的讲话[G]//何东昌.中华人民共和国重要教育文献(1991—1997).海口:海南出版社,1998:4259.

形成现代化的基础教育课程体系❶，到 1999 年 6 月构建与素质教育相适应的基础教育课程体系被中共中央、国务院提上日程❷，再到 2000 年 1 月初步构建起新的基础教育课程体系，劳动技术教育被纳入综合实践活动中，劳动教育与素质教育之间的紧密关系在国家新的基础教育课程改革中得到了初步的落实。2001 年 6 月，国务院规定中小学要增设综合实践活动，“加强劳动教育”❸。至此，“劳动教育与素质教育相适应”的观点得到基本确立，主要体现在劳动与技术教育课程的增设。

就教育与劳动之间的关系而言，“劳动教育与素质教育相适应”的观点主要体现为以下两方面：一方面，与教育相结合的劳动类型和劳动内容的选择主要通过多种类型的劳动使学生获得积极的劳动体验，培养良好的技术素养，强调与各地区的社会发展、经济建设和技术发展等紧密联系着的、对学生身心发展及未来生活有益的劳动类型和劳动内容，例如，家政类的日常生活劳动、涉及工农业技术和传统手工工艺的劳动、同新兴科技有关的劳动。另一方面，较之于将知识学习与参加劳动简单叠加，主张在教育同劳动相结合的过程中“综合运用数学、物理、化学、地理、语文、艺术、社会等学科的基本知识”，并融合“经济、法律、伦理、审美、环保等方面的教育视野”，使教育同劳动的结合既讲求对“已有知识的综合应用”，又“是新的知识与新的能力的综合学习”❹。

较之于以劳动技术教育课程形态作为劳动教育对素质教育“适应化”的载体，劳动与技术教育中的劳动教育实现了教育与劳动相结合在内容和方式上的进一步发展，并以二者的深度融合引导价值观、知识与能力的综合养成，进一步拓宽了劳动教育的育人空间。具体地说，劳动技术教育课

---

❶ 面向 21 世纪教育振兴行动计划[EB/OL]. 教育部网站:http://www.moe.gov.cn/jyb_sjzl/moe_177/tnull_2487.html,1998-12-24.

❷ 中共中央、国务院关于深化教育改革全面推进素质教育的决定[G]//何东昌. 中华人民共和国重要教育文献(1998—2002). 海口:海南出版社,2003:288.

❸ 国务院关于基础教育改革与发展的决定[G]//何东昌. 中华人民共和国重要教育文献(2003—2008). 北京:新世界出版社,2010:889.

❹ 教育部基础教育司. 走进新课程——与课程实施者对话[M]. 北京:北京师范大学出版社,2002:42.

程形态中蕴含着的教育与劳动相结合，局限于劳动价值观的养成，以及一般劳动技术能力、与职业有关的意识和技能的培养❶，未凸显教育与劳动相结合对主体价值观和能力的综合养成，导致育人空间相对有限。劳动与技术教育中教育与劳动在结合内容上的发展进一步拓宽了学生的学习空间，在结合方式上的发展实现了劳动教育与综合实践活动中其他几个操作性学习领域的联系和协调。例如："首次将简易的技术设计、技术产品说明书的阅读、简单的技术作品评价"等引入教育与劳动的结合中，使学生学习的内容从传统的农业栽培、动物饲养发展为对技术、调研、销售等环节的了解❷；教育与劳动之间相对开放性的结合方式利于其与研究性学习、社区服务、实践活动相融合，进一步促进技术素养、价值观等方面的发展。在素质教育的轨道中，以人的素质的全面提升为目的对"教育与生产劳动相结合"进行了"再解释"，注重在培养正确劳动观点和劳动习惯的同时，培养创造力和实践力。

在全面提升人的素质的根本要求下，有关劳动教育的认知主要依据将"人的全面发展"的马克思主义理论与中国教育实践经验相结合而形成的有关劳动素质与人的素质之间所属关系的论断，又充分顺应和借鉴了世界教育改革和发展的重要趋势和做法。马克思主义"'人的全面发展理论'关注人的'智力'和'体力'的全面、自由、和谐的发展"，"强调人的发展的基础性素质"，"这一理论不仅是素质教育的理论基础，而且是其重要的有机内涵"❸。马克思主义"人的全面发展理论"决定了教育同劳动相结合与全面提升人的素质之间颠扑不破的根本关系，并从 20 世纪 80 年代以后的教育实践经验中提取到劳动教育、劳动素质、人的素质三者之间的复杂关系，使之成为构建劳动教育同素质教育之间"适应化"关系的重要依据。

20 世纪 80 年代起，我国开始着力强调"人的素质"问题。1986 年，

---

❶ 教育部关于印发《全日制普通高级中学课程计划(试验修订稿)》的通知[G]//何东昌.中华人民共和国重要教育文献(1998—2002).海口:海南出版社,2003:510.

❷ 教育部基础教育司.走进新课程——与课程实施者对话[M].北京:北京师范大学出版社,2002:43.

❸ 素质教育调研组.共同的关注——素质教育系统调研(续)[M].北京:教育科学出版社,2006:26-27.

我国将人的素质视为与社会生产率的提高、社会面貌的根本变化有着直接关系的重要因素，是我国社会主义经济文明建设的重要方面，“思想道德建设和教育科学文化建设”是其中尤为重要的两个方面❶。随后，彭佩云在中学德育大纲研讨会上明确说明，“思想道德素质”和“科学文化素质”构成了人的素质的合理结构❷。人的素质是可生成的，且对于全民族的素质的提升、社会关系的构建、社会生产力的发展、整个社会的发展和社会主义建设事业的发展具有至关重要的作用。“人的素质”归根到底是“人才的素质”的问题，关乎“能够适应现代化建设需要的各个层次各个方面的人才”的素质的培养❸。能适应社会主义现代化建设需要的人才的素质当具有基础性、普遍性、通用性等特质。1997 年，李岚清明确提出，“生理的、心理的、思想的、文化的素质”当是素质教育所欲实现的人的全面发展的诸构成要素❹。总体上看，人才的合理素质结构必须由智力因素和非智力因素构成。

劳动教育对包括劳动素养在内的人的素质的全面提升的重要意义和价值使其成为素质教育的重要组成部分和实施途径之一。从 20 世纪 30 年代开始，中国共产党领导下的学校教育就明确了“教育与劳动联系起来”对缩小体脑差异，培养既能动脑又能动手的新一代发挥着不可或缺的作用。新中国成立之初，国家就将劳动纳入国民公共道德素质之列，劳动素质成为评价国民道德素质的重要因素。从新中国对劳动教育基本问题的规定来看，劳动观念、劳动态度、劳动习惯、劳动基本知识和技能等皆是劳动素质的重要组成部分。1996 年，柳斌明确提出，“热爱劳动并具有劳动技能是国民

---

❶　中共中央关于社会主义精神文明建设指导方针的决议[G]//何东昌. 中华人民共和国重要教育文献(1976—1990). 海口:海南出版社,1997:2505.

❷　国家教委副主任彭佩云同志在中学德育大纲研讨会上的讲话[G]//何东昌. 中华人民共和国重要教育文献(1976—1990). 海口:海南出版社,1998:2515.

❸　万里同志在全国教育工作会议上的讲话[G]//何东昌. 中华人民共和国重要教育文献(1976—1990). 海口:海南出版社,1998:2281.

❹　李岚清. 面向 21 世纪开创基础教育的新局面——在全国中小学素质教育经验交流会上的讲话[G]//何东昌. 中华人民共和国重要教育文献(1991—1997). 海口:海南出版社,1998:4259.

的重要素质”[1]。劳动教育对劳动素质的全面提升的作用关涉政治思想道德、智力、身体素质和业务素质所必需的创新意识、创造能力等方面的综合培养，直接关系着学生未来生活的能力和其作为劳动者的工作能力。劳动教育、劳动素质和人才的素质之间的积极互动关系为劳动教育须与素质教育相适应的观念提供了一定的理论依据。

此外，为迎接21世纪带来的挑战，20世纪最后10年在全世界范围内对教育进行了“世纪末思考”，掀起了以“协调国家发展需要和学生发展需要二者之间的关系”[2] 为核心的教育课程改革浪潮，世界各国高度重视教育质量并采取各种积极的措施，为“与素质教育相适应”的劳动教育观念之形成寻到了重要的实践依据。注重学生的心智与技能的全面发展是发达国家21世纪国家教育发展规划的重要内容。例如，日本教育强调以“人格的全面发展”作为教育的核心，主张智力、体力、道德、精神的平衡发展，注意以发展“思维技能”和“解决问题的能力”等来革新课程和教育[3]。英国《1992教育白皮书》指出，精神、身体、文化、心理等方面的发展也是学校道德教育必须要考虑到的重要方面，21世纪的教育应“能适应它们的学生、社会和经济变化中的需要”，赋予学生以发展、展现、解放其才能的机会[4]。美国强调，有关劳动的基本能力或思维能力是高质量的学校教育工作的重要内容和衡量标准[5]。

基础教育作为学生走向生活的“通行证”不再是工业经济时代发展经济、忽视人的全面发展的功利性工具，其既是打好科学文化知识基础的必备阶段，又是个人终身发展的基础性阶段和为未来生活做准备的重要阶段。

---

[1] 在全国构建督导评估机制推动实施素质教育汨罗研讨会上的讲话[G]∥何东昌. 中华人民共和国重要教育文献(1991—1997). 海口:海南出版社,1998:4001.

[2] 教育部基础教育司. 走进新课程——与课程实施者对话[M]. 北京:北京师范大学出版社,2002:10.

[3] 国家教育发展研究中心. 发达国家教育改革的动向和趋势(第5集)[M]. 北京:人民教育出版社,1994:295,307,332.

[4] 国家教育发展研究中心. 发达国家教育改革的动向和趋势(第6集)[M]. 北京:人民教育出版社,1998:366,419,450.

[5] 国家教育发展研究中心. 发达国家教育改革的动向和趋势(第5集)[M]. 北京:人民教育出版社,1994:180.

面向21世纪的教育不仅“涉及知识和技能”，还“包括学习共同生活所需的能力和个人的充分发展”[1]。面对时代、社会和人长远发展的根本需要，世界范围内对教育中人同人、人同社会之间联系的反思和建构成为21世纪教育发展的新主题，为我国反思20世纪80年代中期形成的“应试教育”，树立要求学校一切教育必须要有利于学生品德的、体质的、心理的全面发展的观点提供了重要的借鉴。在全球教育发展趋势中，“借鉴”不等同于“接轨”[2]，基于我国与其他国家在思想文化、价值观念等方面的差异，必须要在构建和完善有中国特色的社会主义教育体系的框架中来切实地思考和探索一切教育同全面提升学生素质之间的紧密关系。

（二）对劳动教育的认知以工具性价值和发展性价值相统一

改革开放以后，我国教育事业的发展围绕着两个核心问题，即教育对社会主义现代化建设的“适应化”问题和教育对人才培养的路径问题。教育与社会主义现代化建设之间构建起的“服务”和“依靠”关系决定了教育对人才的培养必然要与社会主义现代化建设相适应。因国家经济建设的“转轨”及建立社会主义市场经济体制的客观需要，人的素质的全面提升以及教育对此担负的决定性意义愈发凸显。20世纪90年代，我国在酝酿和准备实施素质教育的过程中就孕育着对学生素质的全面提升在社会主义经济建设层面和人的身心长远发展层面的双重关照。1996年，柳斌在国家教育工作会议上全面阐述教育“更好地为经济建设和社会发展服务”的问题时明确指出，“人的素质得到普遍的全面的提高”是其首要方面，而人才培养的规格也要“从社会主义现代化建设的实际需要出发”[3]。全面素质的提升、各级各类人才的培养，既要注重其与社会主义经济建设的“适应化”，又要

---

[1] 联合国教科文组织.教育——财富蕴藏其中:国际21世纪教育委员会报告[M].联合国教科文组织总部中文科,译.北京:教育科学出版社,1996:112.

[2] 柳斌.柳斌谈素质教育[M].北京:北京师范大学出版社,1999:14.

[3] 柳斌同志在国家教委1996年教育工作会议上的讲话[G]//何东昌.中华人民共和国重要教育文献(1991—1997).海口:海南出版社,1998:3939.

注意学生的长远发展及其自我发展能力的培养。劳动教育对“热爱劳动并具有劳动技能”的国民素质[1]的培养必然既要考虑到其与社会主义现代化建设相适应，又要注重学生的全面成长。以工具性价值和发展性价值相统一来理解劳动教育的基本问题由此被触生。

当前有关劳动教育基本问题的认知集中体现在综合实践活动教育框架中对劳动技术教育、劳动与技术教育课程的相关规定中。2000 年，劳动教育以劳动技术教育的课程形态存在于综合实践活动中，是涉及有关职业方面的劳动观点和一定的劳动技能培养的活动[2]。2001 年，劳动教育以劳动与技术教育课程的形态存在之时，则是以获得积极劳动体验、形成良好技术素养为主”，强调“以人与物的作用、人与人的互动”进行操作性学习，涉及一般的技术意识和实践能力培养的教育活动[3]。我国劳动教育由被融入“技术”因素进一步发展为与技术教育相结合，在凸显劳动教育作为我国优秀教育传统的同时，通过普通基础教育阶段的技术教育着重培养初步的技术意识和技术实践能力。劳动教育在思想道德层面和初步的知识、技能层面的具体培养内容、任务、目标等得到进一步拓展。

朱慕菊直言，“劳动与技术”之间的“与”体现了“劳动”“技术”在课程内部的一种综合，表明二者之间有联系，但也有区别、不可相等同[4]。劳动与技术教育作为劳动教育与普通基础教育阶段的技术教育的结合体，以技术基础、职业引导、家政等方面作为劳动教育的基本内容，既以劳动观点、劳动习惯、劳动态度的培养为重要任务，又注重发挥技术教育在“开发人的潜能、促进人的思维发展”、培养“未来社会成员基本素养”等

[1] 在全国构建督导评估机制推动实施素质教育汨罗研讨会上的讲话[G]∥何东昌.中华人民共和国重要教育文献(1991—1997).海口:海南出版社,1998:4001.

[2] 教育部关于印发《全日制普通高级中学课程计划(试验修订稿)》的通知[G]∥何东昌.中华人民共和国重要教育文献(1998—2002).海口:海南出版社,2003:510.

[3] 教育部基础教育司.走进新课程——与课程实施者对话[M].北京:北京师范大学出版社,2002:31.

[4] 教育部基础教育司.走进新课程——与课程实施者对话[M].北京:北京师范大学出版社,2002:40-41.

方面的“独到的教育价值”[1]。对劳动教育的关注不只“注重它的德育功能和对人的改造作用”，还“以关注学生发展为本”，更重视“劳动教育所蕴含的丰富的教育价值”，例如，注重劳动对学生的思想道德品质、身体素质、智力、美感、创造力等方面的多重功能的实现[2]。总体来看，在使学生更好地融入劳动与技术共建的世界环境的过程中，通过实现劳动的思想道德作用以及通过对技术原理的理解和探究、对技能的训练、对技术的文化特性的体念，实现学生在心智发展层面和动作技能层面的综合发展。

就劳动与技术教育在综合实践活动中的地位而言，其与另外三个板块“在逻辑上不是并列的关系，更不是相互割裂的关系”，即劳动与技术教育同信息技术教育、社区服务、社会实践同是“‘研究性学习’探究的重要内容”[3]。换言之，“研究性学习”贯穿于、渗透于综合实践活动的所有部分之中，劳动与技术教育担负着“研究性学习”所欲达到的重要目标，即在自然、社会和生活中养成“主动地获取知识、应用知识、解决问题”的创新精神和实践能力[4]，以此进一步促进脑力劳动与体力劳动相结合。

“技术教育”对劳动教育的融入使得劳动教育的基本内容、任务、目标等在一定程度上反映出教育、科技、经济三者的紧密关系，以此回应国家有关跨世纪中国特色社会主义发展的部署，以“技术教育”在人的思维意识和技能方面、国家经济建设方面的作用对传统意义上劳动教育有关劳动观点和劳动的初步知能的培养之基本观点进行了“再解释”，将社会主义市场经济发展和社会发展所需的职业知识和技能的培养、技术意识和能力的培养与人的全面发展所需的知识、技能、价值观相统一。

劳动教育与技术教育的融合主要依循了两个方面的依据，一是 20 世纪

---

[1] 教育部基础教育司.走进新课程——与课程实施者对话[M].北京:北京师范大学出版社,2002:41.

[2] 同[1].

[3] 教育部基础教育司.走进新课程——与课程实施者对话[M].北京:北京师范大学出版社,2002:31.

[4] 教育部关于印发《普通高中“研究性学习”实施指南(试行)》的通知[EB/OL].教育部网站:http://www.moe.gov.cn/srcsite/A06/s3732/200104/t20010409_82009.html,2001-4-9.

80年代，我国将职业和技术教育作为教育体制改革的一个重点，以满足社会化大生产的发展对人的劳动能力提出的新要求，尤为强调对新技术、新工艺的应用能力是现代化建设中的重要问题，关乎“劳动生产率的提高和产品质量”❶。二是2000年后，美国等国家出台了有关技术教育的相关文件，要求加强技术教育，而我国在社会主义市场经济和现代化建设过程中暴露出的人才培养结构的失调使通过相关的职业和技术意识、思维、能力来培养创造性人格的教育观念不断凸显对劳动的“技术”的应用能力之强调。

需要指出的是，劳动教育课程及其表述的两次变化皆存在着如何保持“劳动教育”本身独立性的问题，国家未在政策文件、课程计划等中明确说明综合实践活动中劳动教育与劳动技术教育之间的关系，在劳动教育与技术教育的结合中如何保证劳动教育本身的独特育人价值的实现未有进一步说明。此外，“劳动与技术教育”是一种以良好的劳动态度融入技术世界、以积极的劳动体验促进技术素养形成的操作性学习领域，在劳动教育同技术教育相结合的过程中，在传统思想观念体系中，被狭困于德育范畴的劳动教育容易受到“技术教育”的“冲击”，例如，出现只注重“技术”而忽视“劳动”的情况，从而容易导致劳动教育在实践中被“被弱化”，使劳动教育被遮蔽在对现代科学技能的训练中。

(三)“社会实践”与劳动教育互为配合，不独为之服务

“社会实践活动是在新的历史条件下贯彻教育与生产劳动相结合的方针、加强教育实践环节的一条有效途径”❷。1998年，国家应实施“科教兴国”战略的需要，将“社会实践”纳入中小学科技教育工作中❸。“社会实

❶ 万里. 万里文选[M]. 北京：人民出版社，1995：422.

❷ 中共中央办公厅、国务院办公厅关于转发中央宣传部、国家教委、共青团中央《关于广泛深入持久地开展高等学校学生社会实践活动的意见》的通知[G]//何东昌. 中华人民共和国重要教育文献(1991—1997). 海口：海南出版社，1998：3348.

❸ 国家教委、国家科委、中国科协关于进一步加强中小学科技教育工作的通知[G]//何东昌. 中华人民共和国重要教育文献(1998—2002). 海口：海南出版社，2003：47.

践”作为“知识常新和发展的源泉”“检验真理的试金石”和“青年锻炼成长的有效途径”，对人的全面发展和素质教育的实施发挥着重要的作用。“社会实践”是一个将马克思主义原则与中国具体实际相结合，且在多年的教育实践中经受了检验并积累了一定实践经验的育人活动，被纳入素质教育的轨道中来有其理论和实践依据。在全面推进素质教育、实施基础教育的课程改革中，“社会实践”地位的变动及其与劳动教育之间的关系被进一步的构建，触发了二者之间新的关系的形成。

“社会实践”先后在2000年、2001年的全日制普通高级中学课程计划和基础教育课程改革中获得了独立位置，与劳动技术教育、劳动与技术教育共同构成了综合实践活动的两大领域，“社会实践”的课程形态也相继发生了变化，从独置发展为与“社区服务”相结合。《全日制普通高级中学课程计划》明确阐明社会实践的基本任务和目标，将国防教育和生产劳动教育都纳入其中[1]。“社会实践”与劳动教育之课程载体“劳动技术教育”在内容、任务、目标等方面出现了交叉。“社会实践”作为综合实践活动中的独立组成部分承担了劳动教育的一部分任务、内容和目标，“社会实践”不能在完全意义上被认为是劳动教育的重要途径和内容。综合实践活动中的“社会实践”与之前社会领域的活动被规范为的“社会实践”在形态、内容、任务等方面都不能完全等同。

2001年，“社会实践”与“社区服务”合并，与“劳动与技术教育”并存于综合实践活动中。“社区服务与社会实践”的基本目标和主要内容服从于综合实践活动课程的总目标和总任务，主要涉及“服务社区”“走进社会”“珍惜环境”“关爱他人”“善待自己”等方面的育人任务和目标[2]，强调在增进教育与社会的联系中注重社会适应力、社会参与意识和能力、创新意识等方面的培养[3]。“社会实践”担负起的“生产劳动教育”的任务和

---

[1] 教育部关于印发《全日制普通高级中学课程计划(试验修订稿)》的通知[G]//何东昌.中华人民共和国重要教育文献(1998—2002).海口:海南出版社,2003:510.

[2] 教育部基础教育司.走进新课程——与课程实施者对话[M].北京:北京师范大学出版社,2002:39-40.

[3] 教育部基础教育司.走进新课程——与课程实施者对话[M].北京:北京师范大学出版社,2002:38.

内容发生了变化，其育人功能被进一步规范为在人与人之间、人与社会之间、人与自然之间的接触和交往过程中，加深学生对社会、自然界的了解，使学生在获取直接经验的过程中发展实践能力和构建一种积极的人同社会之间、人同自然之间的关系，并增进学生为社区、社会服务的意识和能力，与他人和谐共处的能力，以及进行自我价值肯定和自我发展的能力。“劳动与技术教育”涉及的一些劳动育人活动可结合“社区服务与社会实践”进行，“社区服务与社会实践”不独为劳动教育服务，而是一个可与劳动教育有机联系、相互渗透的育人领域。劳动不独作为劳动技术教育、劳动与技术教育中的重要育人因素，还以不同的形态作为综合实践活动中一种具有弥散性的育人因素，融入不同的学习领域中，综合发挥着不同方面的育人意义和价值。

概括地说，综合实践活动中劳动教育与“社会实践”之间的关系在教育领域中破除了一定的从属关系，对“劳动教育须与生产运动相结合且为之服务”的基本观点进行了“再解释”，即二者相互配合服从于人的素质的全面提升。但是，在二者之间关系的新发展中，国家在理论层面并未解决“社区服务与社会实践”领域、“劳动与技术教育”领域中涉及的社会实践能力的培养和劳动能力培养之间的联系和区别，对相关问题缺乏一定的阐述和应有的指导。

劳动教育在对素质教育全面提升人的素质之根本任务的适应中有了积极的发展，注重发挥劳动教育的丰富教育价值，实现了教育与劳动之间的纵深化结合，对劳动教育基本问题的拓展以及劳动教育与社会实践的深度结合使学生能在劳动与其他活动的有机联合和有序整合中树立正确的劳动观点、养成良好的劳动习惯，并形成以技术意识、技术知识、技术实践能力为主的技术素养和初步的职业认识、创业意识等，有利于学生的长远发展。

“与素质教育相适应”的劳动教育观念是对自 20 世纪 80 年代逐渐形成的“提高国民素质是基础教育的重要任务”的基本观点在劳动教育领域的重要体现。“与素质教育相适应”的劳动教育观念并非对 20 世纪 80—90 年代逐渐形成的“与社会主义市场经济相适应”的劳动教育观念的背离或否定，而是在教育改革和发展过程中切实地寻到了“整个社会系统中教育与经济的复杂矛盾关系”的结果，即教育同整个社会经济的发展之间的复杂关系中渗透着“教育的相对独立性与社会生活的矛盾关系”，教育在履行经济功能的同时，还要重视对人的各方面素质的提升以及对健康的社会文化环境基础的创建❶。其实质是劳动教育给予社会主义现代化建设的重大命题——“建设有中国特色社会主义”和“实施科教兴国战略”充分的回应，劳动教育以全面提升人的素质、培养“人力资源”的方式对社会主义建设命题“介入”向着有利于人和社会主义生产的长远而健康发展的方向推进着，表明了我国对劳动教育的认识亦步入了一个新的阶段，即在对劳动教育、人、经济、社会诸方面互动关系的根本确证中摒弃一些不利于劳动教育促进人的全面发展之实现的观点和做法。

劳动教育在国家课程综合化改革中同技术教育向着纵深化方向结合，是21世纪国家劳动教育观念层面的一种重要发展，但是，鉴于当前劳动教育的薄弱现状，在综合实践活动四大领域的设置未足够凸显劳动教育的基础性地位，不免未能起到“强调”劳动教育的作用，且对劳动教育在教育改革与发展中的诸多问题未予以足够的重视和研究，劳动教育在一定程度上被“肢解”在综合实践活动之中。在教育实践层面，能否重视并切实地在劳动教育、技术教育、社会实践教育三者的联动中更好地通过劳动来实现学生素质的极大提升是个问题。此外，随着社会主义市场经济的全面发展和“知识经济”时代的到来，人的智力发展和智力优势的充分发挥亦被摆在了重要位置。虽然国家在社会主义建设和教育发展中强调要“以人为本”，但是对劳动于教育、于人的生命本真的关照存在着一定的背离，更容易使劳动教育在实践层面被“虚化”。《国务院有关基础教育改革与发展的决定》《国家中长期教育改革和发展规划纲要（2010—2020年）》仍将劳动教育纳入其中，主要强调通过劳动教育加强对思想道德和一定知识、技能的培养❷。2000年以后，“劳动教育”在国家教育政策和文件中出现的次数

---

❶　顾明远. 素质教育的理论探讨[M]. 中国和平出版社,1996:110,111.

❷　国务院关于基础教育改革与发展的决定[G]//何东昌. 中华人民共和国重要教育文献(1998—2002). 海口:海南出版社,2003:889. 国家中长期教育改革与发展规划纲要(2010—2020年)[EB/OL]. 教育部网站:http://www.moe.gov.cn/srcsite/A01/s7048/201007/t20100729_171904.html,2010-07-29.

寥寥无几，渐处于“缄默”状态。政策和文件未对劳动教育与素质教育的实施和人的素质的全面提升之间的关系进行更深入的研究和阐述，尤其是未对劳动与技术教育课程的“遇冷”问题予以足够的关注和切实的解决。国家劳动教育观念自身未能不断地充实和发展，在一定程度上影响了劳动教育在执行层面的重视程度和贯彻实效。

第四章　中国特色社会主义新时代劳动教育观念

以习近平同志为核心的党中央非常重视各级各类学校的劳动教育。当前，我国将“劳”纳入全面发展的教育方针中。“劳动教育作为中国特色社会主义教育制度重要内容的地位得以确立”❶。我国形成了学校、家庭、社会联动的育人机制，全面加强了劳动教育体系的构建。从观念层面看，“育人为本”“德育为先”是全面加强新时代劳动教育、改善劳动教育实践的根本指引，要以此为纲，摒弃对劳动教育认知上的不利于学生全面发展的一切因素，构建“育人为本”的劳动教育观念，培养合格的社会主义建设者和接班人。

第一节　“全”教育同“全”劳动相结合

中国共产党第十八次全国代表大会将“促进人的全面发展”写入中国特色社会主义道路的表述之中❷，并在根本上将“立德树人作为教育的根本

---

❶ 劳动教育，正在回归生活[EB/OL]. 教育部网站：http://www. moe. gov. cn/jyb_xwfb/moe_2082/zl_2019n/2019_zl96/202001/t20200106_414478. html，2020-01-04.

❷ 胡锦涛. 坚定不移沿着中国特色社会主义道路前进，为全面建成小康社会而奋斗[G]//中共中央文献研究室. 十八大以来重要文献选编（上）. 北京：中央文献出版社，2014：10.

任务”❶。中国共产党第十八次全国代表大会对《中国共产党章程》的修改中，将“促进人的全面发展”写入其中，形成“在生产发展和社会财富增长的基础上不断满足人民日益增长的物质文化需要，促进人的全面发展”的表述❷。2016年，“促进人的全面发展”被纳入国民经济和社会发展的第十三个五年规划之中，成为“发展的出发点和落脚点”❸。2017年，习近平在中国共产党第十九次全国代表大会上着重提出，我国社会主要矛盾的变化对党和国家的工作提出了新的要求，“着力解决好发展不平衡不充分问题”，“更好地推动人的全面发展、社会全面进步”成为党和国家工作的重心❹。“促进人的全面发展”是习近平治国理政思想中不可或缺的重要内容，是坚持和发展中国特色社会主义基本方略的应有之义，对“为中国人民谋幸福”“为中华民族谋复兴”至关重要❺。

中国共产党第十八次全国代表大会以来，我国继续坚持、牢固树立马克思主义劳动观和劳动价值观，将劳动作为党和国家事业发展的最根本的途径。经济发展方式的转变、社会建设的加强、民生的改善、人的全面发展等都离不开劳动。当前出现的一些与“尊重劳动”“尊重劳动人民”相违背的一夜暴富、不劳而获思想的蔓延在根本上有损于党和国家的事业发展以及人的全面发展。当前，我国面对经济下行的压力和恩格尔系数持续降低的客观现实，并且存在发展不平衡、不充分的现实，劳动更凸显出其本身存在的一系列问题，国家面临的一个重要问题就是如何通过劳动实现人们对美好生活的向往，实现共同富裕，维护好社会公平正义。推动人的全

---

❶ 胡锦涛.坚定不移沿着中国特色社会主义道路前进，为全面建成小康社会而奋斗[G]//中共中央文献研究室.十八大以来重要文献选编(上).北京：中央文献出版社，2014：27.

❷ 中国共产党章程[N].人民日报，2012-11-19(5).

❸ 中华人民共和国国民经济和社会发展第十三个五年规划纲要[EB/OL].中国政府网：http://www.gov.cn/xinwen/2016-03/17/content_5054992.htm，2016-03-17.

❹ 习近平：决胜全面建成小康社会 夺取新时代中国特色社会主义伟大胜利——在中国共产党第十九次全国代表大会上的报告[EB/OL].新华网：http://www.xinhuanet.com/politics/19cpcnc/2017-10/27/c_1121867529.htm，2017-10-27.

❺ 同❹.

面发展、实现共同富裕的实质性进展总是与辛勤劳动、不断解决劳动问题并行实现。2013 年以来，习近平在庆祝“五一”国际劳动节暨表彰全国劳动模范和先进工作者大会、“六一”国际儿童节的讲话和各类座谈会中对“劳动”频加论述，既涉及对劳动本质的阐述、对社会主义劳动观念和劳动精神的阐发，又形成了有关劳动公平、体面劳动等问题的重要指示。习近平有关劳动的一系列论述引发了国家对劳动教育的关注和进一步思考。

为深入贯彻落实党的十八大形成的相关工作部署，“坚决破除一切妨碍科学发展的思想观念和体制机制弊端”，解决教育发展中的一些问题，2013 年 11 月，《中共中央关于全面深化改革若干重大问题的决定》规定要坚持“立德树人”的教育根本任务，形成“爱劳动”的“有效形式和长效机制”❶。“爱劳动”被作为教育领域的全面深化改革的重要方面而提出。2015 年，教育部、共青团中央、全国少工委联合颁布《关于加强中小学劳动教育的意见》，要求“充分发挥劳动综合育人功能”，“促进学生德智体美劳全面发展”❷。在全面贯彻党的十九大精神的开局之年，习近平在全国教育大会上指出，要将“劳”纳入全面发展的教育体系中，构建德智体美劳全面发展的更高一级的育人体系，并破除一切不利于“立德树人根本任务”实现的因素❸。“为深入贯彻习近平总书记关于教育的重要论述”，“为构建德智体美劳全面培养的教育体系”，2020 年 3 月、7 月，中共中央、国务院和教育部出台、印发有关劳动教育的意见和指导纲要，规定必须以育人作为劳动教育的根本导向，要“遵循教育规律”，以“劳动精神面貌、劳动价值

---

❶　中共中央关于全面深化改革若干重大问题的决定[G]∥中共中央文献研究室. 十八大以来重要文献选编(上). 北京:中央文献出版社,2014:535.

❷　教育部 共青团中央 全国少工委关于加强中小学劳动教育的意见[EB/OL]. 教育部网站: http://www. moe. gov. cn/srcsite/A06/s3325/201507/t20150731_197068. html, 2015-7-24.

❸　张烁,王晔. 坚持中国特色社会主义教育发展道路 培养德智体美劳全面发展的社会主义建设者和接班人[N]. 人民日报,2018-09-11(1).

取向和劳动技能水平”作为劳动教育的总体目标[1]，使学生“学会建设世界”、“塑造自己”，“实现树德、增智、强体、育美的目的”[2]。

概括地说，党的十八大以来，以习近平同志为核心的党中央对教育领域深化改革作出的全面部署和对“劳动”的重视触发了国家对劳动教育的强烈关注和深入思考，使“劳动教育的现状同国家社会发展需要、素质教育要求、学生终身发展目标有相当差距”[3]成为共识。“立德树人”的教育根本任务的确立为国家深入探索劳动教育的发展指明了根本方向，从而进一步确立了劳动教育在全面发展教育体系中的重要位置，使“劳动教育是什么、怎么教、教什么”问题的解答在本质上服务着“立德树人”的根本实现，并将有关劳动的思想道德层面的培养放在劳动教育工作的首位。我国的劳动教育步入了一个新的阶段，在精准抓住“育人为本”的教育本质的同时，学校劳动教育实践有“理”可循、有“据”可依。

教育与劳动之间的关系是劳动教育的核心。党的十八大以来，我国继承了“教育与生产劳动相结合”的马克思主义原则，并依循邓小平有关“在新的条件下如何更好地贯彻教育与生产劳动相结合”的重要论断，教育同劳动在结合内容、结合方式上作出新的发展。如何使教育与生产劳动相结合更好地促进劳动教育育人功效的切实发挥是国家对教育同劳动之间关系认知的核心。相关创见可概括为以下几个方面。

其一，在结合内容上，教育与具有不同性质的多类型劳动相结合，即教育同生产性劳动、非生产性劳动相结合，以进行“生产劳动教育”和

---

[1] 中共中央 国务院关于全面加强新时代大中小学劳动教育的意见[EB/OL]. 教育部网站:http://www.moe.gov.cn/jyb_xxgk/moe_1777/moe_1778/202003/t20200326_435127.html,2020-03-20.

[2] 教育部关于印发《大中小学劳动教育指导纲要(试行)》的通知[EB/OL]. 教育部网站: http://www.moe.gov.cn/srcsite/A26/jcj_kcjcgh/202007/t20200715_472808.html, 2020-07-09.

[3] 冀晓萍. 加强中小学劳动教育 创新高素质人才培养路径——教育部基础教育一司就《关于加强中小学劳动教育的意见》答本刊记者问[J]. 人民教育,2015(17):27-29,28.

"非生产劳动教育"❶。根据马克思主义劳动观，我国以"生产性劳动"和"非生产性劳动"基本涵盖学校生活、家庭生活和社会生活中所能涉及的多种劳动类型，并对不同范畴中具有不同性质的劳动进行育人价值定位，即通过生产性劳动培养"为他人和社会提供服务"的能力和意识，养成"良好的社会公德"，通过非生产性劳动培养自我服务能力以为学生"健康发展"、"适应社会生活"奠定基础❷。

与教育相结合的劳动不独强调以工农业为主的生产性劳动，还强调与现代化科学技术相关联的劳动，抑或是强调蕴含着共产主义精神的公共服务性劳动，以期实现"全"性质劳动育人。此外，劳动形态随着科学技术的发展和产业变革而发生变化，形成传统劳动形态和现代劳动形态并存的现实，劳动的知识、技术、工艺、方法也展现出由浅入深、由低级向高级、由简单向复杂的发展情况。我国主张在劳动教育中注重将教育与不同形态的劳动相结合，以劳动的传统形态和现代形态为重要载体拓宽劳动中包含的知识和技艺的范畴，使学生在了解、掌握不同的知识和技艺的同时，在中国传统文化（技艺）和现代科学技术的碰撞和融合中体认具有中国特色的劳动精神、劳动能力，并激发劳动创造力，提升物化能力。传统形态的劳动和现代形态的劳动与教育相结合，既有利于发挥劳动的"全"形态育人，又在一定程度上起到了传承中华民族优秀文化和技艺的作用。

其二，在结合方式上，一定程度继承了邓小平以现代科学技术作为教育与劳动相结合的连接点的论断，强调教育同劳动的结合要"适应科技发展和产业变革"，"注重新兴技术支撑和社会服务新变化"❸，但是，不独主张以现代化科学技术来连接教育与劳动，而且是以一切具有育人功效的科

❶ 构建新时代中国特色社会主义劳动教育体系——教育部有关负责人就《中共中央国务院关于全面加强新时代大中小学劳动教育的意见》答记者问[EB/OL]. 教育部网站：http://www. moe. gov. cn/jyb_xwfb/s271/202003/t20200326_434972. html,2020-03-26.

❷ 构建新时代中国特色社会主义劳动教育体系——教育部有关负责人就《中共中央国务院关于全面加强新时代大中小学劳动教育的意见》答记者问[EB/OL]. 教育部网站：http://www. moe. gov. cn/jyb_xwfb/s271/202003/t20200326_434972. html,2020-03-26.

❸ 中共中央 国务院关于全面加强新时代大中小学劳动教育的意见[EB/OL]. 教育部网站：http://www. moe. gov. cn/jyb_xxgk/moe_1777/moe_1778/202003/t20200326_435127. html,2020-03-20.

学技术和日常技能作为二者的重要连接点。在教育与劳动的结合中，不过于强调技术教育，而是将初步的劳动知识和技能的掌握视为劳动教育有效实施之必然结果，有力有效避免了劳动教育与技术教育之间的简单等同，一定程度防止了将劳动教育简化为一般劳动技能训练的偏向。

教育与劳动相结合不再单纯地表现为科学文化知识教育和思想道德教育与劳动的简单叠加，而是以劳动教育本身为本位，通过以劳动教育必修课为主、多学科有机渗透的方式，实现知识因素与劳动因素在纵深融合中切实发挥劳动在人的培养工作中的独特育人功效。由于并非所有的教育都指向劳动，“学校的学习可以具有劳动教育的意义，也可以不起劳动教育的作用”❶，新时代我国力求将劳动教育融入育人的全过程之中。同时，在教育与劳动的结合中注意以“历经完整的实践过程”的方式使学生获得对工农业生产劳动等劳动的过程的深度体验，实现劳动价值观的内在养成❷。

我国对教育与劳动之间关系的认知充分汲取了新中国成立以来劳动教育的实践经验，对“教育与生产劳动相结合”在新时代进行了“再解释”，将育人作为二者相结合的根本目的并将其贯穿于二者相结合的内容和方式之中。一方面，明确与教育相结合的“劳动”范畴，“实”化劳动，强调劳动教育必须落实于“干”，通过学生的亲身实践取得育人实效，防止因“劳动”范畴泛化，忽视力所能及的体力劳动的重要意义和价值导致劳动教育被“泛化”而无法取得实效。另一方面，以“育人为本”作为教育与劳动相结合的根本导向，解决了以往劳动教育中出现的在教育与劳动的比例、教育效益与经济效益等问题上的争论和偏向，有力避免了“有劳动无教育”“有教育无劳动”的情况。将“全”教育与“全”劳动相结合，更体现了新时代劳动教育“不但要有劳动，而且劳动的结果必定要有教育意义，起教育作用”❸。

---

❶ 曹孚. 劳动教育问题[M]. 武汉：湖北人民出版社，1955：19.

❷ 教育部关于印发《大中小学劳动教育指导纲要（试行）》的通知[EB/OL]. 教育部网站：http://www.moe.gov.cn/srcsite/A26/jcj_kcjcgh/202007/t20200715_472808.html，2020-07-09.

❸ 曹孚. 劳动教育问题[M]. 武汉：湖北人民出版社，1955：8.

第二节　以育人作为对劳动教育认知的要义

薄弱的劳动教育现状同培养合格的社会主义建设者和接班人之间存在着矛盾。结合习近平的相关论述，“立德树人”的教育根本任务的确立和教育育人本质的科学指引触发了以“育人为本”来理解劳动教育的基本问题，强调劳动教育当以正确的价值观的培养为基础，将劳动教育同日常生活相联系，使劳动成为一种生命活动。

（一）以劳动价值观培养引领劳动素养的全面提升

虽然劳动教育在学校教育工作中一度存在被“弱化”的情况，但是劳动教育促进人的全面发展的这一马克思主义论断得到了普遍认可，各级各类学校在不同程度地贯彻着劳动教育。一些学校在劳动教育实践发展中逐渐形成了一些极具特色的劳动教育观念，推动着青少年劳动教育工作的发展。例如，杭州市富春七小提出“新劳动教育”观念，为我国小学劳动教育的改革和发展提供了重要的借鉴。“新劳动教育”观念在秉持“育人为本”的内在精神的同时，以“天人合一、人事相趣”的观念引领劳动教育，以劳动作为学生接近自然、了解自然的重要途径，发展学生的德性，拓宽学生的知识并增强学生的动手能力。换言之，以“教育规律和人的本质特征的世界观”自觉定位劳动教育的地位，以人与自然的共处和面向真实的“人生体验和精神世界”充实劳动教育的内容，以满足学生“自我本质力量”增添劳动教育的功能，以整合式课程作为劳动教育的实践途径[1]，对劳动教育基本问题形成了“新”认知。

在新时代，国家对劳动教育在教育体系中的地位，劳动教育的教育内容、日标设定、实践等方面的规定均共同指向劳动教育的核心内涵和价值

[1] 章振乐. 正心立德 劳动树人——小学“新劳动教育”的实践与思考[J]. 中国特殊教育，2017(5)：27-29.

追求，即“育人为本”。2015年以来，国家颁布的有关劳动教育的纲领性文件明确阐明了劳动教育的综合育人价值和独特育人价值，完全以育人来统领对劳动教育的具体部署。劳动作为类本质活动和社会基本实践活动，其本身融合了劳动主体对人同自然之间物质交换的态度和情感，对种的“尺度”的把握和应用，对肢体的使用，对美的感受和理解等有关体力和脑力方面的总和。劳动本身的多维度价值决定了劳动具有一定的融合性，与文化知识、思想道德、身体素质、审美观念和能力等方面密切相关，从根本上决定了劳动教育具备综合育人价值和独特育人价值，必然要在全面发展的教育体系中占据独立地位。就教育内容和目标而言，我国主张学校劳动教育要以家庭、学校、社会领域中有教育意义的劳动中蕴含着的知识、技能、价值观为主要内容[1]，从“思想认识、情感态度、能力习惯”三个层面进行目标设定，实现对学生劳动素养的全面提升。劳动教育的实施途径主要包括独立开设相关必修课，多学科有机渗透，组织校内外劳动实践，劳动文化融入校园文化建设，“将劳动教育纳入人才培养全过程”。劳动教育的方式方法等都要“从提高劳动教育的效果出发”[2]，始终围绕着劳动教育的重要内容和目标进行。

就教育的社会主义性质而言，劳动教育被提升到新的战略高度，是中国特色社会主义教育的重要组成部分，对践行社会主义核心价值观以及“推进教育现代化、实现‘两个一百年’奋斗目标和中华民族伟大复兴的中国梦具有重要的现实意义”[3]。具有社会主义属性的劳动教育被摆在教育改革与发展的突出位置，关系到“为党育人、为国育才”。将学生切实培养为爱劳

---

[1] 教育部关于印发《大中小学劳动教育指导纲要（试行）》的通知[EB/OL]. 教育部网站：http://www.moe.gov.cn/srcsite/A26/jcj_kcjcgh/202007/t20200715_472808.html，2020-07-09.

[2] 同[1].

[3] 教育部 共青团中央 全国少工委关于加强小学劳动教育的意见[EB/OL]. 教育部网站：http://www.moe.gov.cn/srcsite/A06/s3325/201507/t20150731_197068.html，2015-07-24.

动、会劳动、勤于劳动的高素质劳动者是党和国家对劳动教育的要求❶，也是教育对人和社会发展担负着的重要任务和责任。

从我国对劳动教育基本问题的界定可知：劳动教育的重点是积极践行、亲身经历、切实参与三大类劳动，切实形成社会主义的劳动价值观和掌握一定的劳动能力；对劳动教育基本问题的规定均以育人为根本旨归，而育人则以育德为本、为先，突出、强化价值观引领，将培养学生正确“观”劳动作为劳动教育工作的根本。郑富芝曾明确指出，组织学生参加劳动、加强劳动教育，就是要培养正确的劳动价值观❷。新时代“劳动教育首先是一种价值观教育”❸，必须以正确的价值观来引领学生全面提升劳动素养。但是，价值观引领并不意味着停留在“口耳之际”的对劳动及其价值认知的“表达”。正确“观”劳动在于切实内化对劳动在人和社会发展的重要意义和价值的认知。

首先，培养劳动价值观是培养学生在劳动实践中“观”人与劳动的“不二”关系，人与劳动的“不二”关系正是劳动在人和社会发展中发挥根本作用和重要价值的关键。马克思认为，“人的肉体生活和精神生活同自然界相联系”，自然界同人本身相联系，是“人的无机的身体”❹。自然界的存在体现了人的普遍存在性（人的类存在），是人和人的生命活动的生活资料、对象和工具❺。自然界不是外在于人、独立于人的生命过程，而是与人的生命活动相同一。劳动是人同自然界进行物质交换的根本，如若脱离劳动，人则是脱离自身再生产的无机生命体，道德和能力更无从谈起。物之

---

❶ 努力发展具有中国特色世界水平的现代教育——十八大以来党中央推进教育现代化创新实践[EB/OL]．教育部网站：http://www.moe.gov.cn/jyb_xwfb/s5147/201604/t20160421_239406.html,2016-04-21.

❷ 直面社会关切 全面提高义务教育质量[EB/OL]．教育部网站：http://www.moe.gov.cn/jyb_xwfb/s5147/201907/t20190710_389668.html,2019-07-10.

❸ 转变传统观念共同加强劳动教育[EB/OL]．教育部网站：http://www.moe.gov.cn/jyb_xwfb/s5148/201906/t20190606_384714.html,2019-06-06.

❹ 马克思．1844年经济学哲学手稿[M]//中共中央马克思恩格斯列宁斯大林著作编译局．马克思恩格斯文集(第一卷)．北京：人民出版社，2009：161.

❺ 同❹.

仪则与人之道德具有内在统一性。其次，培养劳动价值观是使学生在劳动实践中正确“观”劳动于人的生命价值。与阿伦特将劳动视为“在痛苦中丧失世界的经验严格一致”[1] 的观点截然不同，马克思主义哲学中的劳动具有极强的世界性，劳动作为类本质的对象化活动完全使人突破了个体身体的私人性，充分发展和满足了自体的能动意识、类的存在属性、内在情感需求等，是一种最为人性化的延续人的生命“能力”的实践活动。当人通过劳动这一产生生命的活动不断生产自身时，才能创造美好生活、创造美好社会。劳动价值观的培养作为劳动教育的首要任务和目标是合理且有必要的。

“劳动”是产生人的生命和孕育人的发展的宽阔领域，劳动素养的全面提升以正确“观”劳动作为前提和基础，对劳动的认知和价值取向直接影响着劳动素养的有效提升。劳动实践结合教育的实质就是以“实践着”的劳动价值观引领学生在知识、技能、体力、创造力、智力等方面发展。将劳动教育对劳动价值观的培养作为统领劳动素养全面提升的首要方面，主要依循了“育人为本、德育为先”这一教育事业科学发展的根本精神。2007 年，胡锦涛提出了“育人为本、德育为先”[2]，并于 2010 年在全国教育工作会议上发言指出，在教育工作中坚持“育人为本、德育为先”就是“坚持以人为本”[3]。2000 年以后，我国在教育改革中提出要注意通过劳动教育培养正确的劳动观，但是由于综合课程改革中劳动教育在同科技教育的结合中导致了独立性地位“受损”，再加上“应试教育”的顽疾，劳动教育在观念层面和实践层面离贯彻“育人为本、德育为先”的原则尚有距离。

党中央极为重视社会主义思想道德建设，习近平多次强调国家和人要“立德”的问题。2014 年 5 月，习近平在北京大学师生座谈会上强调“道德”对个体和社会发展的“基础性意义”，对广大青年提出了“要修德”的建议，即“既要立意高远，又要立足平实”，“加强道德修养，注重道德实践”，并强调“核心价值观，其实就是一种德”，与“这个民族、这个国家

[1] 汉娜·阿伦特. 人的境况[M]. 王寅丽，译. 上海：上海人民出版社，2009：82.

[2] 胡锦涛. 胡锦涛文选(第二卷)[M]. 北京：人民出版社，2016：642.

[3] 胡锦涛. 胡锦涛文选(第三卷)[M]. 北京：人民出版社，2016：420.

的历史文化相契合"，与"这个民族、这个国家的人民正在进行的奋斗相结合"，与"这个民族、这个国家需要解决的时代问题相适应"[1]。习近平明确阐述了"立德"与人和社会发展之间的根本关系，如何"立德"，价值观与道德之间的关系。当前，随着各级各类教育紧抓育人本质，强调育人"更加符合教育规律"和"更加服务人才成长规律"[2]，国家牢固地将"人"的因素融入劳动教育实践的诸关键环节、要素和设计之中，切实地将价值观培养作为劳动教育在与时俱进的发展中有其自身连续性和稳定性的核心内容，以充分实现劳动教育在思想道德建设层面的重要意义和价值。

人类命运休戚与共，在人类利益共享的价值观下，现代教育要"超越狭隘的功利主义和经济主义"[3]，体现对生命的敬畏和对人类尊严的尊重，劳动教育紧扣人和生命活动本身，强化在价值观的引领下使学生真正尊重劳动和积极地进行类本质的对象化活动，切实引领学生学会在劳动中更好地发展自身和创造美好生活，这在世界范围内当是无差别的。以社会主义核心价值观引领学生全面发展的劳动教育观念也是"人类在本质上共享并且交流的各种善意"，马克思主义立场下的劳动观、劳动价值观正是"一种社会群体的善意"，是实现社会成员关系紧密团结的固有因素[4]。联合国教科文组织指出，"教育和知识是全球共同利益"，"信息、理解、技能、价值观和态度"均包含其中[5]。我国进一步思考了全球命运共同体之下中国特色社会主义教育在其中所担负的重要责任，突破了教育和知识在获取及时的社会成果方面的狭隘理解，形成了一种对人类具有最本真培养效果、对美好生活和人生幸福具有最根本创造作用的教育观念。

---

[1] 青年要自觉践行社会主义核心价值观[G]∥中共中央文献研究室.十八大以来重要文献选编(中).北京:中央文献出版社,2016:3,5,7.

[2] 鞠鹏.习近平在北京市八一学校考察时强调 全面贯彻落实党的教育方针 努力把我国基础教育越办越好[N].人民教育,2016-9-10(2).

[3] 联合国教科文组织.反思教育:向"全球共同利益"的理念转变[M].联合国教科文组织总部中文科译.北京:教育科学出版社,2017:2.

[4] 联合国教科文组织.反思教育:向"全球共同利益"的理念转变[M].联合国教科文组织总部中文科译.北京:教育科学出版社,2017:69.

[5] 联合国教科文组织.反思教育:向"全球共同利益"的理念转变[M].联合国教科文组织总部中文科译.北京:教育科学出版社,2017:69,71.

（二）劳动教育“日常化”关切人的生命本真

新时代对劳动教育的内容、课程设置等方面的规定和学校、家庭、社会协同育人机制的形成体现了国家将劳动教育与学生的日常生活密切关联，将对劳动价值取向、精神面貌和技能水平的养成渗透到“日常”诸领域，力求将“劳动”内化为一种人格的必备品质，“激发学生热爱劳动的内生动力”[1]。2020 年 3 月 20 日，《大中小学劳动教育指导纲要（试行）》将劳动范畴规定为囊括日常服务性劳动和日常生产劳动的三大类劳动，强调“将劳动教育与学生的个人生活、校园生活和社会生活有机结合起来，丰富劳动体验，提高劳动能力，深化对劳动价值的理解”[2]。《中小学综合实践活动课程指导纲要》规定要“建立学习与生活的有机联系”[3]。陈宝生明确指出，具有鲜明社会性的劳动教育不能与真实的生活情境和职业世界相脱离[4]。新时代，“劳动教育，正在回归生活”[5]。

从哲学层面上看，家庭劳动、生产劳动和服务性劳动均是“日常生活”领域的劳动。将劳动教育“日常生活化”，有利于人同劳动之间构建起自为知识和行为图式，并融入日常生活的规则系统中，真正实现人和社会的更高一级再生产。

其一，人、劳动、日常生活之间存在着内在关联。列斐伏尔将“日常

---

[1] 全面贯彻党的教育方针 大力加强新时代劳动教育[EB/OL]. 教育部网站：http://www.moe.gov.cn/jyb_xwfb/moe_176/202003/t20200330_436021.html，2020-03-20.

[2] 教育部关于印发《大中小学劳动教育指导纲要（试行）》的通知[EB/OL]. 教育部网站：http://www.moe.gov.cn/srcsite/A26/jcj_kcjcgh/202007/t20200715_472808.html，2020-07-09.

[3] 教育部关于印发《中小学综合实践活动课程指导纲要》的通知[EB/OL]. 教育部网站：http://www.moe.gov.cn/srcsite/A26/s8001/201710/t20171017_316616.html，2017-09-27.

[4] 全面贯彻党的教育方针 大力加强新时代劳动教育[EB/OL]. 教育部网站：http://www.moe.gov.cn/jyb_xwfb/moe_176/202003/t20200330_436021.html，2020-03-30.

[5] 劳动教育，正在回归生活[EB/OL]. 教育部网站：http://www.moe.gov.cn/jyb_xwfb/moe_2082/zl_2019n/2019_zl96/202001/t20200106_414478.html，2020-01-04.

生活”界定为“与所有活动相关的”、“多由活动交汇的地方”[1]。赫勒将“日常生活”理解为实现个体和社会更高一级再生产的要素集合体，且个体的生成“总是在日常生活之中并为日常生活所建立”[2]。“日常生活”是一个宽泛的领域，不仅不应局限于洗衣、吃饭之类自我服务性活动的领域，因为洗衣、做饭、洒扫类的劳动只是“日常生活”客观化过程中的一种“事件”，还应考虑到它是一个承载促进人和整个社会再生产的全部要素的基本领域，它既存在着“异化”的可能和问题，又存在着改造和重建的可能性。对于学生而言，学校、家庭、社会是其生存和发展的基本领域，学校生活、家庭生活、社会生活都包含着有利于学生实现更高一级再生产的种种要素。劳动则是日常生活中贯穿各基本领域的有利于个体自身再生产的首要因素，劳动生活是日常生活中最具弥散性、最基础的部分。而人的日常生活总是被以经济性原则、情境性原则、实用主义原则等为主的自在的规则系统所操控，人对劳动可能建立起一种在“情感”上并不总是愉悦的和在“经验”上并不充足的关系，劳动并不总是受到劳动主体自由意志的驱使，在劳动过程中难以充分体现符合类本质要求和价值的意志，难以自为地调动已占有的丰富知识和技能。由此，日常生活、劳动、人相互联结，触动日常生活规则系统中人与劳动建立起的知识图式和行为图式，才能在根本上“塑造”人。只有实现劳动教育与日常生活的真正结合，才能使劳动真正成为人生命存在和发展的一种内在“规则”，使人同劳动在思想道德层面、情感习惯层面、知识和技能层面构建起一种自为的关系。

其二，基于人、劳动、日常生活之间存在的内在关系，学校劳动教育正深入日常生活领域，更全面地、更深层地建立起人同劳动这一生命实现活动的自为关系，真正内化相关规则系统，以使学生得以自我实现。新中国成立以前，“劳动是‘治于人’的繁重的体力劳动”，是制约和支配日常生活的旧规则系统，一度在学校、家庭、社会生活中“植根”颇深，其结果使学生在劳动这一日常活动中采取不符合类生活要求的态度和行为，导

---

[1] 亨利·列斐伏尔.日常生活批判(第1卷)[M].叶齐茂,倪晓辉,译.北京:社会科学文献出版社,2018:90.

[2] 阿格妮丝·赫勒.日常生活[M].衣俊卿,译.重庆:重庆出版社,1990:3,8.

致学生不事生产、钻营名利。此外，日常生活是“循环性和创造性相会和相互对峙的地方”❶，循环性实践虽然保持了人类生活和人类世界的基本稳定，但远远不够。虽然个体对待劳动被动的、消极的、平庸的态度和行为可能在最低限度上维持着自身和社会的存在，但是未在劳动中充分实现自我意识的对象化不可能使人自身和社会实现更高一级再生产，人作为普遍的类的存在物的价值更无从谈起。

人同劳动之间构建起的“趋利避害”的自在的知识和行为图式作为支配人日常生活的规则系统，常使日常生活呈现出一种“异化”的表现，例如，当前存在着一些青少年对劳动赞美同自身对劳动的意向性和能力不足之间的矛盾，对凝结物化劳动的产物的占有感取代了其他的自然情感，均妨碍了类本质对象化活动的实现。长期以来，我国立足于国家实情，结合有关劳动的马克思主义思想，构建人同劳动之间方方面面的关系，“修改”日常生活中旧规则系统的“残存”部分，从而使学生真正在劳动中实现类本质对象化活动。当前我国以符合新时代劳动精神、劳动观念、劳动能力、劳动习惯要求的规则系统来建构起联结学校、家庭、社会的“被塑造着”的日常生活，通过结合教育，使学生熟悉、适应并掌握一定生活世界中的规则，逐渐“长入”“一个‘既成’世界”，最大限度地内化“被净化”的日常生活中的规则系统，以此积极地、自为地构建自身同劳动之间的关系，使自身的成长成为可能❷。

基于习近平有关劳动、教育等一系列论述，通过与“日常生活”相联系焕活劳动的生命属性，新时代的劳动教育充分发挥劳动教育的育人功能。首先，习近平继承了马克思主义劳动观和劳动价值观，对劳动作出了具有新时代特征的阐释，赋予了劳动以新的意义和内容，从而对新时代教育提出了新的要求。2013 年 4 月，习近平明确指出，“劳动是推动人类社会进步的根本力量”，“是财富的源泉，也是幸福的源泉”，强调只有“诚实劳动”能破解人生和发展的难题，成就生命的价值，必须牢固树立“四个最”的

---

❶ 亨利·列斐伏尔. 日常生活批判(第 2 卷)[M]. 叶齐茂，倪晓辉，译. 北京：社会科学文献出版社，2018：441.

❷ 阿格妮丝·赫勒. 日常生活[M]. 衣俊卿，译. 重庆：重庆出版社，1990：65.

劳动价值观[1]。2015年5月，习近平从人类本质和文明发展规律的高度来阐述劳动的本质，认为“劳动是人类的本质活动，劳动光荣、创造伟大是对人类文明进步规律的重要诠释”，将劳动提升到社会主义现代化国家建设的战略高度上，明确提出我国一切发展事业对劳动和劳动者的根本依靠不随着时代和社会变迁而变化，体力劳动、脑力劳动及其从业者都值得鼓励和尊重[2]。习近平将“劳动”摆在新时代的重要位置上，劳动在人的思想道德、人的美好生活、人的本质、社会价值创造方面发挥着重要的意义和价值。劳动对社会的建设、对国家的服务、对美好生活的创造都要建立在劳动实现人的更高一级再生产的基础上，而劳动对人的发展的意义和价值的实现归根到底指向了劳动的生命属性，即劳动是“产生生命”的实现类本质对象化的活动和不断克服障碍的创造性活动。劳动教育必须注重劳动的生命属性。可通过将其与教育相结合来实现对“生命”的“产生”。

其次，习近平着力强调，除了政府和学校以外，家庭、社会对教育事业的发展也负有一定责任[3]，主张进行学校、家庭、社会“三位一体”的建设。这为落实劳动教育的育人实效提供了一种重要路径。习近平明确指出，家庭作为社会和生活的基本单位，要“注重家庭、注重家教、注重家风”，家庭的和睦、幸福和文明关系到“社会安定、社会祥和、社会文明”[4]。就社会而言，风气尤为重要，要注重乡风、民风、社风。除学校外，家庭和社会也是育人的重要环境，社会主义核心价值观、中华民族传统美德等均是贯穿其中的“价值法则”。学校、家庭、社会构成育人的基本场域，学校、家庭、社会中的风气、价值观等构成有力的育人资源。“三位一体”的育人观突破了环境的物理边界，保证育人环境的连续性和整体性，构建面

---

❶ 习近平在同全国劳动模范代表座谈时的讲话[EB/OL].中国政府网:http://www.gov.cn/ldhd/2013-04/28/content_2393150.htm,2013-04-28.

❷ 习近平在庆祝“五一”国际劳动节暨表彰全国劳动模范和先进工作者大会上的讲话[EB/OL].中国政府网:http://www.gov.cn/xinwen/2015-04/28/content_2854574.htm,2015-04-28.

❸ 张烁,王晔.坚持中国特色社会主义教育发展道路 培养德智体美劳全面发展的社会主义建设者和接班人[N].人民日报,2018-09-11(1).

❹ 习近平.习近平谈治国理政(第二卷)[M].北京:外文出版社,2017:353,354.

向学生全部生活世界的协同育人环境，在生活的真实情境中，内化一定的价值准则和行为准则，以取得育人的实效。

概括地说，将“四个最”劳动观以及“勤俭、奋斗、创新、奉献”的劳动精神、劳动能力、劳动习惯融入日常生活诸领域，以有关新时代劳动的理想价值追求和知识能力作为一种目的和标准来抵御和战胜自在生活图式中残存的非社会主义的、落后的因素，逐渐将马克思主义劳动观和符合新时代要求的劳动精神、劳动能力等内化为劳动生活的根本规则系统，进一步塑造人作为劳动主体的意识和意识对象化的能力，使学生作为劳动主体以类本质当有的思想意识、创造精神、道德品质等自觉地、自为地看待和对待劳动。这样，劳动才能最大可能成为人的一种生命活动，内化为人的一种基本品质，促进个体和社会在更高一级的再生产，社会主义劳动观、劳动精神和劳动能力对人的日常生活的浸润使劳动真正成为一种熔铸于生命的需要和存在。正如马克思指出，人本身以及对自身生命的表现与人如何生产、生产何物相一致❶。劳动教育于人是一种关切生命本身的教育活动。

概括地说，新时代对劳动教育基本问题的认知是基于“立德树人”这一教育根本任务的实现，对劳动教育有关思想道德层面和知识层面的培养的基本观点进行“再解释”，以社会主义劳动精神统领有关劳动的价值观、有关劳动的知识和有关劳动的技能的培养，关切学生作为个体的生命本真。

第三节　以育人为根本导向实现“社会实践”向劳动教育全面整合

“教育与生产劳动同社会实践相结合”于2010年被纳入《国家中长期教育改革和发展规划纲要（2010—2020年）》，成为教育方针的重要方面❷。

---

❶ 马克思，恩格斯. 德意志意识形态[M]//中共中央马克思恩格斯列宁斯大林著作编译局. 马克思恩格斯文集(第一卷). 北京：人民出版社，2009：520.

❷ 国家中长期教育改革和发展规划纲要(2010—2020年)[EB/OL]. 教育部网站：http://www.moe.gov.cn/srcsite/A01/s7048/201007/t20100729_171904.html，2010-07-29.

党的十八大以来，我国仍坚持这一教育方针，并于2015年修订了《中华人民共和国教育法》，规定教育“必须与生产劳动和社会实践相结合”❶。2019年，习近平在学校思想政治理论课教师座谈会上发表讲话，明确指出，教育“同生产劳动和社会实践相结合”是新时代实现培养全面发展的社会主义建设者和接班人的根本目的所必须要遵循的党的教育方针的重要内容❷。习近平强调，“社会是个大课堂”❸，各种类型的社会实践活动对增进学生有关国情和社会的了解、对磨炼意志和增长才干发挥着重要的作用，是青年学生健康成长、练就坚实本领的“大熔炉”。新时代劳动教育必然坚持与社会实践相结合。同时，劳动教育与其他四育相并列的独立地位的确立，进一步触发了当前立足于实现劳动教育的综合和独立育人价值而构建其与社会实践之间的关系。

当前，我国主要结合社会农业生产、工业生产、社会服务性劳动和公益劳动等开展劳动教育，将社会领域中具有育人意义和价值的积极因素有组织、有计划地引入劳动教育中，使其与劳动教育的结合完全服从于育人这一根本目的的实现。在中小学劳动教育与社会构建起多重关系的同时，我国尤为强调社会资源向劳动教育的有序整合。国家建议一些“厂矿企业”、“城乡社区、福利院、医院、博物馆、科技馆、图书馆”等单位以及“社会机构”“公共场所”等为普通中小学劳动教育提供所需要的场所、资源及其他服务❹，将劳动教育与具有育人功效的场所中的积极活动有序结合，着力使劳动教育落到实处，避免了将劳动教育变成单纯的参加社会生产活动等，也避免了产生劳动“冲击”教育、社会活动扰乱学校正常教育秩序等违背教育规律的现象的出现，防止在参加社会实践的过程中将学生

❶ 中华人民共和国教育法[EB/OL]. 中国政府网：http://www. gov. cn/xinwen/2015-12/28/content_5028401. htm,2015-12-28.

❷ 教育部课题组. 深入学习习近平关于教育的重要论述[M]. 北京：人民出版社，2019:45.

❸ 中共中央文献研究室. 习近平关于青少年和青年团工作论述摘编[M]. 北京：中央文献出版社，2017:55.

❹ 教育部关于印发《大中小学劳动教育指导纲要(试行)》的通知[EB/OL]. 教育部网站：http://www. moe. gov. cn/srcsite/A26/jcj_kcjcgh/202007/t20200715_472808. html，2020-07-09.

作为半劳力。此外，国家在将劳动教育与一切有利于育人的社会资源相整合的过程中，对社会也提出了明确的要求，社会要为劳动教育的实施提供方方面面支持的同时，注意“营造良好的舆论氛围”❶。国家在辩证地识得劳动教育与社会领域的活动之间的关系的同时，对社会及各领域中的活动应当如何更好地为劳动教育育人本质的实现提供服务作出了具体的思考和进一步规定。

此外，国家明确了新时代劳动教育在与社会领域的活动相结合的过程中注重对社会和谐劳动关系的构建和对社会主义劳动文化的发展发挥重要的作用。习近平指出，全社会都要具有有关劳动的荣辱观，切实维护好广大社会主义劳动者的根本权益，使各行业劳动者都能实现体面劳动、获得自身的全面发展❷。陈宝生认为，“从根本上讲，劳动教育就是要在全社会创造浓厚的劳动文化”❸。劳动教育关乎和谐劳动关系和社会关系的重塑。崇尚劳动、尊重劳动者为维护一切劳动者的合法权益、发展社会公平正义、共享发展和分享共同劳动成果营造社会氛围，是充分实现体面劳动和创造性劳动的基础。在营造和谐的劳动关系的基础上，才能更好地构建社会主义社会关系，在劳动中实现自我价值和社会价值的统一。当前学校劳动教育坚持正确的价值观引领，同一切不劳而获、贪图享乐的错误观念作斗争，使学生“体会社会主义社会平等、和谐的新型劳动关系”❹，对改善轻视劳动和劳动者的社会风气及进一步构建平等、和谐的劳动关系、社会关系发挥着重要的作用。

在新时代，我国尤为注重将一些社会场所、社会实践活动更科学、规

---

❶ 构建新时代中国特色社会主义劳动教育体系——教育部有关负责人就《中共中央 国务院关于全面加强新时代大中小学劳动教育的意见》答记者问[EB/OL]. 教育部网站：http://www.moe.gov.cn/jyb_xwfb/s271/202003/t20200326_434972.html,2020-03-26.

❷ 习近平在同全国劳动模范代表座谈时的讲话[EB/OL]. 中国政府网：http://www.gov.cn/ldhd/2013-04/28/content_2393150.htm,2013-04-28.

❸ 全面贯彻党的教育方针 大力加强新时代劳动教育[EB/OL]. 教育部网站：http://www.moe.gov.cn/jyb_xwfb/moe_176/202003/t20200330_436021.html,2020-03-30.

❹ 劳动教育是什么？教什么？怎么教？——《大中小学劳动教育指导纲要(试行)》解读[EB/OL]. 教育部网站：http://www.moe.gov.cn/jyb_xwfb/s5147/202007/t20200716_473089.html,2020-07-16.

范地纳入劳动教育中，充分发掘、利用社会真实生活情境中的育人资源，将劳动教育同社会领域的活动之间的结合向着更有利于育人的方向发展，从而营造更好的社会风气。对劳动教育与社会领域的活动之间关系的认知，实现了对改革开放前“劳动教育须与生产运动相结合且为之服务”的基本观点的彻底“转化”，对改革开放以来有关劳动教育与社会实践之间关系的认知进行明确界定，形成一切有教育价值的社会领域的活动和资源均为劳动教育服务、服从劳动教育基本规律和根本目的的观点。二者之间的关系彻底摆脱了外在“功利化”的附加任务，紧扣育人的本质，以正确的价值观培养统领二者的结合。

我国以育人为根本取向来思考、处理劳动教育同社会领域的活动之间的关系主要有两大依据。

一方面，“教育同生产劳动与社会实践相结合”自 20 世纪 80 年代起就逐渐生成，并被纳入《中共中央、国务院关于深化教育改革全面推进素质教育的决定》《国家中长期教育改革和发展规划纲要（2010—2020 年)》之中，是培养全面发展的人的重要指导方针和实施原则。新时代，我国进一步继承、丰富和发展了这一教育方针，将“教育与社会实践相结合”整合到劳动教育过程中，并遵循劳动教育的基本规律和原则，切实服从劳动的育人功效的发挥。

另一方面，基于“立德树人”是我国教育的根本任务，劳动教育必然要发挥其在“立德树人”中的重要作用。党的十八大强调教育的根本任务是“立德树人”，党的十九大进一步要求切实落实“立德树人”这一教育的根本任务。习近平自 2013 年起在多个场合强调“立德树人”的问题，指出“基础教育是立德树人的事业”，必须要全面贯彻立德树人这一教育根本任务❶。在全面建成小康社会的关键时期，将“坚持立德树人”、构建包括“爱劳动”在内的育人有效形式和长效机制纳入教育领域综合改革中，关系到我国全面深化改革的战略全局❷。“立德树人”作为教育的本质具体是指

❶ 教育部课题组.深入学习习近平关于教育的重要论述[M].北京:人民出版社,2019:20-21.

❷ 中共中央关于全面深化改革若干重大问题的决定[G]//中共中央文献研究室.十八大以来重要文献选编(上).北京:中央文献出版社,2014:535.

"育人为本、德育为先、能力为重、全面发展"❶。我国必须紧紧围绕这一根本任务，以人作为一切教育工作的中心，全面落实旨在促进人的全面发展的新时代教育。教育育人本质的坚持既是新时代以科学精神指引教育现代化的必然结果，又要求必须"着力改进教育在落实立德树人根本任务、培育人的全面发展方面不平衡不充分"的地方❷，进一步纠正"教育领域内影响和制约立德树人、创新人才培养的种种弊端"以及"对科学精神的偏离或背弃"的教育现象❸，把"出于功利目的附加在教育身上的种种违背教育规律"和不利于全面发展的"观念、行为加以荡涤和剥离"❹。由此，劳动教育在切实发挥"立德树人"的重要作用的过程中必然要摒弃一切短期的、狭隘的功利性因素，社会领域的活动向劳动教育的有序且科学的整合必然受劳动教育育人价值之实现的统领。

综上，新时代"育人为本"的劳动教育观念聚焦于劳动教育的实效性问题，结合当前国家建设和教育改革与发展的现实，充分吸取了以往劳动教育实践的经验教训和劳动教育观念中的有益因素，完全以培养人作为认识和处理劳动教育相关问题的根本原则，使"劳动"真正成为包含精神追求和自觉行动的生命活动。"育人为本"的劳动教育观念实质是对"教育与生产劳动相结合是培养全面发展的人的唯一方法"的马克思主义论断的新时代"再解释"，也是对"育人为本"、"立德为先"的教育方略的新时代"转化"，通过教育使劳动真正植根于学生的生命之中，服务于学生健康成长，将劳动焕活为创造美好生活，建设和谐社会，使人、社会共同发展的知识、能力、精神。新时代"育人为本"的劳动教育观念以主张"回归学生自身的主体性教育"的方式对中国特色社会主义建设、实现中华民族的

---

❶ 推进教育治理体系和治理能力现代化——论深化教育领域综合改革[EB/OL]. 教育部网站：http://www.moe.gov.cn/jyb_xwfb/s5148/201401/t20140110_162283.html, 2014-01-10.

❷ 王湛. 深化教育改革的突破点和推进教育现代化的着力点[J]. 江苏教育报, 2018(2):1-2.

❸ 王湛. 教育治理现代化与教育家办学[J]. 江苏教育报, 2014(4):1-4.

❹ 同❸.

伟大复兴、社会主义教育事业的发展予以了积极的回应[1]。教育与社会之间的“服务”和“依靠”关系完全落实于对人的长远、全面的培养的工作中，以“基于‘长远视野’面对教育在推动社会发展中可发挥的作用进行的一种‘根本性判断’”[2]，摒弃了任何谋求短期育人效益和经济效益的观点和做法，使劳动教育在新时代归于当如何培养人的应然状态。

[1] 任海滨．新时代背景下“劳动教育”的意义[EB/OL]．人民教育出版社网：https://www.pep.com.cn/xw/zt/hd/xxgcqgjydhjs/btqzw/201812/t20181207_1934171.html，2018-12-07.

[2] 吴康宁．教育究竟是什么——教育与社会的关系再审思[J]．教育研究，2016(8)：4-12，8.

第五章　改革开放以来劳动教育观念演变的特征和逻辑

通过对改革开放以来国家劳动教育观念的研究可知，劳动教育观念呈现出不断演进的发展态势。劳动教育观念在演变的过程中呈现出一定的特征，且遵循着一定的逻辑原则。以下就劳动教育观念演变的特征和逻辑展开研究，以更全面、深入地纵观改革开放以来劳动教育观念世界。

第一节　劳动教育观念演变的特征

一切观念依靠的社会存在的历史发展性决定了一切观念在不同历史阶段是发展着的，即前后历史阶段的观念具有一定的“连续性”，也呈现出某种程度的“断裂”，例如，社会革命的发生和社会制度的彻底变革必然要从一定制度上或风俗上竭力消除或扭转不符合新社会要求的旧思想和旧观念。劳动教育观念之间既有一定的连续性，又不断发生着变化。劳动教育观念的“连续性”和“非连续性”并非非此即彼的关系，而是一种相对性关系。以下将从不同方面来呈现、分析劳动教育观念的“连续性”和“非连续性”特征。

（一）劳动教育观念演变的连续性：满足“两种需求”

结合对各社会发展阶段劳动教育观念的研究，以下将结合劳动教育观念的内在结构之维和“生命”之维从四个方面来阐述劳动教育观念在历史演变中呈现出的一定“连续性”特征。

1. 实现育人与满足社会的需要相统合

“教育与生产劳动相结合”作为我国劳动教育的重要指导原则，其本身就蕴含着实现育人与满足社会需要相结合的基本原则。马克思指出，儿童自九岁起就应当用脑和双手参加社会生产，而初等教育必须先于劳动实践。教育与生产劳动相结合既是“造就全面发展的人的唯一方法”，又“是提高社会生产的一种方法”和“改造现代社会的最强有力的手段之一”[1]。更确切地说，“教育与生产劳动相结合”是马克思在资本主义大机器生产背景下解决儿童被异化劳动戕害，保护童工的受教育权益，重视童工健康发展问题，实现机器大工业生产达到现代科学技术要求的高度，以及破除资本主义异化劳动下畸形的社会制度的权宜之计。马克思“科学而全面地把握了社会历史的发展和人类自身发展的必然趋势”[2]，将人的健康发展和生产力的发展、社会的变革作为“教育与生产劳动相结合”的一体两面，实现人的发展和促进社会的发展相结合正是内隐其中的重要特征。

一种教育理论和原则的提出在本质上直指“实用取向”，“从理论中推导出来的任何一个思考，都保持着一定的概括性”，但是所有的思考不只局限于理论上的思考，还有对非理论性问题的思考[3]。教育理论和原则对教育现实问题的解决往往具有一种有限的指导性。在某种情况下，“理论的贫困”致使对教育问题的思考需要在一系列的社会表象和历史发展中寻到解决问题的基本方法。对劳动教育的思考，既要坚持“教育与生产劳动相结合”的马克思主义原则，又不能对其教条地固守，要充分结合实际现实，有力借鉴其他有益的理论观点和实践经验。中国共产党就是将马克思主义原则与中国具体实际相结合，在特殊环境中进行了兼顾培养革命的新一代和服务于革命战争的劳动教育观念及其实践的探索，为新中国成立以后劳

---

[1] 马克思.资本论[M]//中共中央马克思恩格斯列宁斯大林著作编译局.马克思恩格斯文集(第五卷).北京:人民出版社,2009:557.

[2] 胡尔钢.试论马克思教育与生产劳动相结合学说的立足点[J].福建师大学报(哲学社会科学版),1982(3):127-133.

[3] 瞿葆奎.教育与教育学[M].北京:人民教育出版社,1993:550,552.

动教育观念的生成和发展提供了重要的借鉴。

从对改革开放以来国家劳动教育观念的研究可知，劳动教育观念并不是随意发生，向任意“方向”发展的，而是基于对各阶段不同现实问题的回应，依据一定的理论和实践经验而形成的具有理论和实践“合理性”的观点集合体。劳动教育观念生成所依循的依据在一定程度上受到所欲解决的问题的“规定”，而劳动教育观念欲解决的问题则与观念的触生要素紧密关联。换言之，劳动教育观念在被触生之时，就打上了解决劳动教育的育人问题与满足社会发展需要相互交织的烙印。一方面，纵观观念之发生要素的历史变化，国家劳动教育观念的发生机制是对教育领域和社会领域中客观存在着的问题、偏向、现实诉求之“直观反映”的同时，对一些教育基本观点、社会主义建设的基本观点进行“再解释”，或调动一些已形成的有关社会主义建设的基本观点和有关教育的基本观点，充分汲取其合理“内核”，在对其基本意蕴进行表达的基础上，在新的“语境”下进一步转化为满足当前实际需要的观点。国家在不同发展时期均面临着育人和社会发展的双重任务，教育领域中的问题常同社会政治、经济等方面的问题相互交织。特定历史阶段劳动教育观念对教育现实问题作出回应的同时，与这一阶段国家建设和社会发展的实际需要相联系。另一方面，为使构建起的观念有“理”可循、有“据”可依地回应教育和社会发展中亟待解决的现实问题，最大限度地保证观念不发生偏向，劳动教育观念诉诸的理论和实践依据也充分考虑到育人需要和社会发展需要，有意识地“选择”了马克思主义与中国具体实际相结合而形成的理论观点，并借鉴国内外教育实践的相关经验。

就劳动教育观念的理论依据来看，国家对理论依据的有意识“选择”存在一定侧重点，对观念本身的生成产生了一定的影响。20 世纪 80 年代起，为了切实落实教育与经济和社会发展之间的“服务”和“依靠”关系，邓小平有关“教育与生产劳动在结合内容、结合方式上有新的发展”，“人是生产力最活跃的因素”等论断成为指导劳动教育观念“适应化”发展的重要理论；新时代，为了培养合格的社会主义建设者和接班人，为社会主义现代化建设服务，习近平的相关阐述成为指导我国劳动教育实现“立德树人”根本任务的重要思想理论。

因国家在不同历史时期在教育现实问题的解决和社会发展需要的满足

之间进行不断权衡，劳动教育观念依循的理论依据在社会发展各阶段存在着一定的差异，但是在本质上基本遵循了马克思有关主客观世界改造相一致的根本精神和“知行合一”的传统文化精神，为培养劳动中的“自然人”成为全面发展的“社会人”提供了重要依据。

就劳动教育观念诉诸的实践依据而言，基于我国教育和社会发展的实际需要，我国选择性地借鉴国内外有益教育实践经验，在劳动教育中尽力融入一些既有利于人的发展又能满足社会发展需要的因素，不断探索劳动教育的新路子。

其一，从 1980 年起，为加强普通教育中的技术教育，解决劳动教育中劳动与现代科学技术联系不强的问题，国家在对世界教育发展的趋势和实践经验借鉴的同时，注意结合中国的具体实际，以更好地促进劳动教育的发展，例如，将技术教育（因素）融入劳动教育中，将劳动教育纳入人的素质全面提升的轨道中来。

其二，国家在特定时期结合中国具体实际在教育实践和发展中总结出的有关教育、现代化科学技术、国民经济发展之间关系的论断，以及形成的人的素质与劳动素质之间关系的论断，为劳动教育观念的生成提供了重要的现实依据。这些宝贵的实践经验的总结是在教育与社会主义建设的长期互动过程中形成的切合我国具体国情和实际需要的理论观点，这些观点将劳动教育与社会主义建设紧密关联，努力实现育人与社会发展相统一。

其三，中国共产党在 1940 年前后创造性地结合生产运动进行劳动教育，所形成的创见和实践模式成为我国主张的教育须与社会相结合的观念系统中的典型存在，是国家有关劳动教育的重要运思模式，为改革开放以来将劳动教育与社会领域的活动联系起来提供了重要的实践依据。二者之间关系的继承和发展都体现出相似的诉求，既能在某种程度上满足社会发展的需要，如社会风气改善和一定社会关系的构建，又在劳动教育与社会之间的紧密结合中充分发挥劳动的育人价值。

上述对劳动教育观念的“生命”生成中蕴含的实现育人与满足社会发展需要相统合之基本原则的揭示，体现出观念的生成与对教育、社会领域中的现实问题的回应之间存在着两种关系，一是注重对现实问题的回应，但是回应得不够全面，二是遵循教育基本规律和原则切实对现实问题进行了恰当的回应，既有利于短期目标的达成，又不会以损害劳动教育育人长远目的的实现为代价。上述两种关系都蕴含着劳动教育观念对育人和社会发展问题的共同关照，虽然在一些时期出现了一定的侧重。劳动教育观念对现实问题的回应“程度”和“效果”离不开观念形成之理论依据和实践依据的选择，同时，劳动教育理论和实践依据的选择基于实现育人和满足客观需要相统一的原则而具有一定目的性、实践指向性和实践指导性。大体上看，国家劳动教育观念对理论和实践依据的诉诸之目的性主要同劳动教育观念所要回应的现实问题基本一致，同时，力求不违背劳动教育的基本规律和原则。其实践指向性和指导性主要是对欲形成的劳动教育观念的“施事力”的关注，由此也构成了劳动教育观念的现实力量。

劳动教育观念的“生命力”在不同时期因对教育领域和社会领域中的现实问题的解决而获得不断延续。应然劳动教育观念是劳动教育观念的理想状态，但是在有限的物质生产条件、层出不穷的现实问题、历史发展着的教育理论等制约下，以应然状态来评判我国劳动教育观念未免是由于后世在回观劳动教育观念时发生了一定的“范畴错置”。以客观的态度视之，充分汲取劳动教育观念“生长”中的有益因素，是研究国家劳动教育观念“生命”本身的价值。

2. *以辩证思维统筹处理教育和劳动之间的关系*

教育和劳动是劳动教育的主要构成要素。教育于劳动之间的关系、劳动于教育之间的关系构成了劳动教育观念中最基础、最核心的逻辑存在。教育同劳动之间的关系是在人类从猿到人发展过程中自然生成的。恩格斯在《劳动在从猿到人的转变中的作用》一文中详尽地阐述了劳动在人的进化过程中同人的智力、人改造自然界的知识和技能等方面的密切关系，呈现出劳动同非正规意义上的“教育”的早期结合关系❶。在西方教育学领域，夸美纽斯于“人与生俱来的学习劳动的‘种子’要经过教育来‘萌发’”的立场指出，人成之为人离不开通过教育学会劳动，且劳苦养成

❶ 恩格斯.劳动在从猿到人的转变中的作用[M]//中共中央马克思恩格斯列宁斯大林著作编译局.马克思恩格斯文集(第九卷).北京:人民出版社,2009.

“高贵的心理”[1]；裴斯泰洛齐主张将人的“感官和四肢的运用”这一“原始的本性”通过教育发挥引导学生的道德和智力的作用，实现“人的道德、智力和体力的均衡”[2]；卢梭认为，农活和手工劳动作为使人在不同的社会秩序和变革中得以生存、为所有人提供衣食的最贴近自然状态的实用活动，有助于达成其所追求的教育目的，即获得道德上、政治上和经济上的自立性[3]。可见，在教育领域中，教育与劳动之间关系首要的层面是认可劳动具有教育意义和价值，以及其与教育相结合对人的发展的有用性。教育于劳动的重要性在一定程度上以劳动于教育的意义和价值为前提。

马克思提出了“教育与生产劳动相结合”的共产主义原则，将教育与劳动之间的关系科学化。“教育与生产劳动相结合”之科学性主要体现在既蕴含着劳动于教育的逻辑关系，尤其是体力劳动、生产劳动对人的发展的重要作用，又包含着教育对改造社会、推动社会生产力发展的另一层关系。中国共产党早在 1933 年就明确阐明了教育与劳动之间的双向关系——脱离劳动的教育是一种培养“寄生虫”的教育，而脱离了教育的劳动则是没有教育意义的。当教育同劳动之间的辩证关系丧失时，就无所谓任何劳动教育观念的存在，同时，教育与劳动之间的双重关系既指向了国家和社会发展的层面，又指向了个体的全面发展的层面。

国家劳动教育观念建立在教育与劳动之间的辩证关系的基础上，发生了从教育与劳动的联系关系发展为教育与劳动的结合关系的变化。与 1976 年之前我国侧重于探讨教育同劳动之间的联系关系不同，除了重申教育同劳动之间的“主从”关系外，邓小平有关“教育与生产劳动在结合内容和方式上要有新的发展”的论断成为新的历史条件下对教育与劳动之间结合关系探讨的重心。

具体地说，1976 年之后，我国重申“主学”与“兼学”之间的“主从”关系，指出科学文化知识的学习也是学生的重要劳动类型。邓小平提

---

[1] 夸美纽斯. 大教学论[M]. 傅任敢，译. 北京：教育科学出版社，2014：23，147.

[2] 裴斯泰洛齐. 裴斯泰洛齐教育论著选[M]. 夏之莲，等译. 北京：人民教育出版社，1992：437，438.

[3] 让-雅克·卢梭. 爱弥儿（上）[M]. 叶红婷，译. 北京：台海出版社，2016：311.

出的“教育同生产劳动要在结合内容和结合方式上有新的发展”的论断指导着此后对教育与劳动之间结合关系的认知。20世纪80年代起，我国对教育与生产劳动相结合的认知逐渐深化，形成教育同运用现代化科学技术的劳动相结合、教育与更宽泛意义上的“生产劳动”相结合的观点，并将教育同劳动的“新”结合观点融入农村学校教育、农业现代化、农村经济建设三者之间建构起的“服务”和“依靠”的关系中，形成农村劳动教育同农业社会用人计划、农村经济建设之宏观层面的结合。2000年后，我国对教育同劳动之间结合关系的认识向着更综合化、开放化的方向发展。2013年至今，我国以提升劳动教育实效为导向，对教育同劳动相结合的认知“纵深”发展，形成了学校各科教育同劳动相结合、教育同三大类劳动相结合的观点，以进一步切实发挥劳动的独特育人功能和综合育人功能。

20世纪70年代末期起，我国将对教育同劳动之间“联系性”的认知发展为对教育同劳动之间“结合性”的认知，即“学校教育要劳动”的观念确立后，着力解决“学校教育当如何更好地结合劳动”的问题，是认识由表及里、由初级向高级的深入发展的结果。这反映出社会物质生产的不断发展对学校教育提出的新要求，以及国家对劳动教育欲达到的育人成效的要求和理解不断加深。换言之，社会生产力水平越高，对劳动的育人意义和价值的要求和理解越深，对教育同劳动之间关系的“纵深”发展程度要求就更高。1978年以后，我国更认识到要正确地、更好地实现教育与劳动的结合才是关键。“教育与劳动联系起来”成为国家在教育发展问题上的一种共识，在国家对劳动教育的观念指导系统中不断发展着，既应社会主义现代化建设的要求不断作出回应，又兼顾纠正一些学校观念系统中对教育同劳动相联系的重要性认知不足的问题，在“学校教育当如何更好地结合劳动”的思考中继续强调“教育要同劳动相联系”，使建构的劳动教育观念能更有效地引领劳动教育实践。

对教育与劳动之间关系的认知的发展，主要基于对现实问题的解决，反映出国家对教育发展的诉求，还反映出教育发展本身遇到了一系列的问题使得对教育同劳动之间关系的认知必须朝着纵深方向发展。我国社会主义建设的主要任务在各发展阶段有差别，且向着复杂化、高水平化的方向发展，对教育的要求也在不断提高，同时，教育对人的“全面”培养逐步完善。改革开放后，对教育同劳动之间“结合”关系的创见是教育更好地适应社会主义现代化建设的需求，重视和加强人力资源的开发的产物。新时代，有关教育与劳动的全面结合的创见是实现劳动教育的育人实效与服务中华民族伟大复兴重要使命相统一的成果。

概括地说，劳动于教育之间、教育于劳动之间的关系在不同历史阶段应育人的基本任务的完成和对社会发展问题的回应发生了变化，并引起了劳动教育观念本身发生一定的改变。社会生产发展本身及其对教育提出的要求，教育本身的发展及其对社会生产发展的服务关系，或显性或隐性地反映在国家对教育同劳动之间双重关系的认知上。这也充分验证了观念本身在被某种因素触生的同时，观念本身的生成就带有该因素的烙印。

3. 个体全面发展与社会发展密切联动

教育的价值是将教育置于理想的状态、对教育当发挥何种作用的应然理解；教育观念中蕴含着的价值取向实质上是站在何种角度看问题。一般地说，教育价值观念大体上立足于“以人为本”“以社会为本”“以国家为本”“以文化为本”等理论立场之上，其中“个人本位”和“社会本位”之争是我国有关教育价值见解中最为常见的存在。但是，正如陈桂生所言，对个人或社会利益的假定无疑是把“‘个人’与‘社会’抽象化”，“有把复杂问题简单化之嫌”[1]。事实上，中国共产党在革命战争时期就把“人”的教育放置在社会发展的语境中加以考量，将教育与社会的隔离视为旧教育的积弊。人是处于具有一定文化特质和氛围的社会中的人，其本身无法脱离社会和文化而受教育。教育价值观念中把“人”或“社会”等因素视为具有排他性的存在无疑是一种失之偏颇的见解，“以人为本位”和“以社会为本位”实质上是将人和社会的发展放置在一定的对立面上。劳动教育是一种融入了社会生产因素的教育活动，教育系统与生产系统的结合使得我国劳动教育观念中尤为蕴含着价值“抉择”问题。我国劳动教育观念包含着对“社会与个人关系”“两个方面‘统合’基础上的选择”[2]。换言之，改革开放以来，国家在立于何种角度看待劳动教育中个人同社会之间的关

---

[1] 陈桂生. 教育原理(第 3 版)[M]. 上海：华东师范大学出版社，2012：174，176.

[2] 陈桂生. 教育原理(第 3 版)[M]. 上海：华东师范大学出版社，2012：175.

系的问题上，大体上呈现出在社会发展中谋求人的发展与通过人的发展促进社会发展的双向“统合”的基本取向，未完全出现对社会、个体发展的单项价值选择。

纵观改革开放以来我国对劳动教育基本问题的认知，培养符合国家、社会、时代发展要求的全面发展的人是国家劳动教育观念中始终存在着的价值选项。其一，劳动教育的主要内容和任务、实践方式、课程设置等始终围绕着劳动教育的主要目的和意义而确立，对学生进行思想道德层面和知识技能层面的培养。通过教育同劳动相结合，从思想道德品质和知识技能层面使学生既能动脑又能动手是国家对劳动教育基本问题认知的核心要义。虽然在不同发展阶段社会生产力水平有差异，关注和回应的现实问题有所区别，对劳动教育基本问题的认知被融入了新的内容，产生了一定的阶段性特征，但是主张体脑结合、身心全面发展的质的规定性和根本精神并未移易，且极力实现人和社会发展的需要在不同程度上和不同方式上的结合，大体上将个体的全面发展作为在二者相统合的基础上进行劳动教育的基本着眼点。概括地说，1980 年起，劳动教育以劳动技能训练和实践能力培养的方式培养学生的劳动能力和思想道德观念，塑造合理的素质结构，服务于社会主义经济建设。2012 年以来，劳动教育以亲历实际劳动过程的方式充分培养学生有关劳动的精神风貌、价值取向和技能水平，以培养合格的社会主义建设者和接班人，托举中华民族伟大复兴的中国梦。

以促进个体的全面发展作为劳动教育统合个体和社会发展的基本落脚点，实现了从培养个体的思想道德、简单的劳动技能向全面提升个体的素质、培养全面的劳动素养的方向发展，个体与社会发展结合的深度由简单地满足社会运行和发展的一些暂行性条件发展为纵深化推动社会的长远发展。虽然在一定时期从政治的、生产的、职业的需要的视角来理解个体的培养目标和任务以及个体的价值实现，但是这无疑是在特殊语境下对个体需要的一种“解读”，并不违背劳动教育对人作为社会个体的培养与对社会发展的实际需要的满足。虽然个体的价值和需求的满足与社会发展的需求在一定程度上以政治的方式相统合，且人的发展的实现局限于特定范畴内，但事实上也是特殊环境中国家对满足两种需求的取向予以动态地把握的实践。由于社会存在的变迁和思维的有限性，劳动教育观念中有关人和社会发展的需求的统合难以达到绝对意义上的均衡且全面的结合，但是，从劳动教育观念的演变来看，国家在劳动教育问题上的价值取向愈发趋向于在最大程度上实现在满足个体的全面发展的需求中满足社会长远发展的需求。

此外，对劳动教育的性质的认知作为对劳动教育基本问题认知的重要方面，揭示了以劳动教育“培养什么人”来彰显劳动教育的社会主义性质和发展方向，体现了培养符合社会主义建设需要的、全面发展的个体是我国劳动教育的应有之义。观念是一种“活着”的观点，对劳动教育观念的研究必然不能从抽象的角度来看待和研究劳动教育相关问题。具体的、与历史相结合的有关劳动教育的观点必然置身于一定的“语境”中，社会主义“语境”始终是教育发展不可脱离的一个重要方面。20 世纪 80 年代以来，劳动作为学校育人的重要因素，与教育的结合广泛地成为世界教育发展的一大重要趋势，一些专家、学者认为，过于强调劳动教育的社会主义属性已经不能适应时代和教育发展的需要了，劳动教育当是一种在世界范围内具有普遍性的教育原则，应跨越时代的局限、社会政治体制的差别和教育科学的不同理论体系来加以看待，应共同研究、充分借鉴世界范围内的有益因素以更有效地发挥劳动的育人功效。劳动教育的社会属性问题似已随着时代的发展而渐不被直接论及，“超越”劳动教育阶级属性的认知有一定的合理性，但是纵观国家劳动教育观念，除了对劳动教育的社会主义性质有直接表述外，国家一直将其融入对劳动教育培养的人才规格之规定中，指向一个重要方面，即通过劳动教育培养为社会主义建设服务的全面发展的人。

改革开放以来，在新的历史条件下，从国家将劳动教育作为把握社会主义办学方向的一大重要保障，到作为素质教育的重要方面，再到作为新时代“为党育人、为国育才”的根本途径，在此过程中，国家对劳动教育的育人规格的规定从培养德智体等、德智体美等全面发展的社会主义建设者和接班人，发展到培养德智体美劳全面发展的社会主义建设者和接班人。处于社会主义建设不同发展阶段的劳动教育或隐或明地对个体的思想道德品质、劳动技能、劳动素质、劳动素养等方面予以特定的指向，出现了人才培养规格与国家和社会发展要求被动适应、主动适应的问题，并且国家对“发展”的选择有所区别。这是由教育整体发展水平和发展能力、社会生产力发展水平所决定的，并不意味着劳动教育完全以“社会为本位”的价值取向。正如钱俊瑞在新中国成立之初就指出，“这种全面发展的教育，将随着我们国家的政治、经济的发展而逐步提高”[1]。劳动教育的社会主义性质只有根据国家和社会发展的需要培养一定规格的人才能得到真正的坚持和切实的履行，劳动教育对人的培养也随着国家政治和经济的发展愈发突出。

国家在对劳动教育基本问题的认知上将个体的培养放置在整个社会发展实情中，坚持个体的培养既要立足于人的“自然生命”“精神生命”，又考虑到人的“社会生命”，在对社会发展和需要的推动和满足中寻到人的价值实现的落脚点。国家劳动教育观念并不是秉持单一的价值取向，而是把个体与社会之间的互动关系作为价值取向的根本，并向着实现二者之间更好的统合的方向发展。

4. 个体与社会在结合中同发展

劳动教育区别于其他教育的重要方面在于劳动教育具有极强的实践性和社会性。不论是通过专门的课程进行劳动教育，还是结合多种科目的教学进行劳动观念和劳动知识、技能的培养，抑或是组织学生参与校内外劳动，涉及的劳动的内容、形式、纪律、知识和技能以及组织方式等都同社会中的生产性活动或非生产性活动有着重大关联。国家劳动教育观念的一大重要方面就是“劳动教育须与社会领域的活动相结合”。改革开放以来，其一直在被继承中得到不断发展，成为一种有关劳动教育的群体意识。在对劳动教育与社会领域活动之间关系的认知中，一直蕴含着如何在社会场域中保证劳动教育固有价值的实现之思考，且围绕着这一思考，在不同的社会发展阶段也构建着对二者之间关系的认知。

20 世纪 80 年代以来，我国将同教育密切相关的社会领域的活动进一步科学化、理论化，以具有宽泛意义的马克思主义概念“社会实践”概括之，成为贯彻教育与生产劳动相结合的教育方针、实施劳动教育的重要途径。

---

[1] 钱俊瑞. 反对当前中等教育工作中的客观主义和主观主义——在第一次全国中等教育会议上的讲话[G]//何东昌. 中华人民共和国重要教育文献(1949—1975). 海口：海南出版社，1998：86.

新时代，我国强调结合真实生活情境中的各类社会实践活动（社会志愿服务、社会公益劳动、社会义务劳动）对学生进行劳动教育，使学生适当地进入社会，实现全面发展。“劳动教育须与社会领域的活动相结合”的观点继承了中国共产党在革命战争时期就建立起的教育要联系实际的观念和实践作风，预先构建起人在劳动实践中的行为动机、行为方式与人的发展、社会的发展之间有益关系的理想类型，以期通过在改造客观世界的同时，进一步改造主观世界。

改革开放前，曾一度呈现出“劳动教育为社会生产活动服务”的观点。鉴于当时社会生产对劳动力的迫切需要和对教育基本规律的遵循，“劳动教育为社会生产活动服务”只在特定条件下“显现”。大体上看，“劳动教育为社会生产活动服务”的观点并非对劳动教育的育人功能的否定和对实现个体全面发展的根本背离。当社会生产力发展到突破传统的小农经济的阶段，对社会场域中的活动进行分类和选择，将其同劳动教育在符合教育基本规律和教育科学化发展要求的情况下进行结合，劳动教育不再担负着完成特定社会生产任务的任务。劳动教育与社会领域的活动之间关系的构建完全围绕着社会领域的活动如何配合劳动教育实现其育人功能。

改革开放以来，“社会领域的活动为劳动教育服务”是对二者结合关系认知的基本立场。社会领域的活动突破家庭和学校这一空间范围，是人在具有特定社会规范的公共生活中与他人、与群体产生的满足一定社会期待的互动活动，也是学生作为个体对他们之间所具有的共同身份、共同认同等价值共识体念、内化的重要实践活动。社会生活中蕴含着物的现实和人的现实，人的社会活动体现着人进行物质生产的能力、人的社会态度、人对社会规范的遵守、人对社会期待的理解和恪守、人与他人和群体之间的关系和情感。较之于家庭和校内活动，社会领域中的活动包含着特定的政治、经济、文化方面的意义，受社会道德规范、社会行为准则和代表不同群体利益的社会期待的约束，在制约人的社会行为的同时，在社会语境中塑造着人本身。结合社会领域中的活动进行劳动教育，就是将社会领域中的活动本身凝聚着的人、自然、社会之间的抽象关系具象地通过学生的劳动行为结合一定的教育转化为有利于人和社会实现更高一级再生产的要素，作用于人和社会的发展。改革开放以来，我国在结合社会领域中的活动开展劳动教育时，不断强调要体念和内化我国长期以来在人与人、人与社会、人与群体之间关系上积淀下的价值体系，例如，培养“爱劳动”的国民公德，养成从事体力劳动的习惯，发扬艰苦朴素和刻苦耐劳的作风和品质，加强与广大劳动人民同甘共苦的思想感情，培养热爱公共事业的精神和集体主义的观点。结合社会领域中的活动开展劳动教育在将社会主义社会的行为准则、精神风貌和价值追求贯穿育人过程的同时，树立了劳动光荣的舆论，形成了尊重劳动的社会风气，塑造了社会主义社会平等、和谐的新型劳动关系。

此外，社会领域的活动在为劳动教育服务的过程中，使劳动教育的过程依附于一定的生产性劳动过程或非生产性劳动过程，实现了对初步的劳动能力的培养，且随着社会物质生产力的发展，二者相结合对劳动能力的培养呈现出不断发展的态势，例如，从一般的体力劳动的初步知识和技能，到了解工农业生产的发展现状，掌握通用的生产劳动知识和技能，再到培养劳动的科学态度、规范意识和创新精神。对何种劳动能力实现何种程度的培养在一定程度上是由社会生产发展水平决定的，与不同时期社会发展的需求相关联。

概括地说，“劳动教育须与社会领域的活动相结合”的观点中孕育着个体与社会的共同发展的诉求和基本内涵，即具有育人意义和价值的社会领域的活动为个体的发展提供了重要的条件，个体对社会领域活动的积极参与为社会发展贡献了力量。这既基于劳动教育自身发展的动因，又出于社会发展的需要。脱离社会的劳动教育无异于“闭门造车”，不可能将培养符合社会主义建设需要的、全面发展的建设者和接班人落在实处；社会的发展，尤其是社会生产的发展，需要将教育与有关社会生产力和生产关系的一些要素联系起来，只有这样，一定的劳动生产经验、初步的劳动生产知识和技能才能得到更好的传承和培养。

综上，国家劳动教育观念在演变中呈现出了一定的连续性特征，即满足“教育中的劳动需求”和“生产中的教育需求”相统一。

“教育中的劳动需求”主要是指教育要融入劳动因素，以实现其育人功效的全面发挥。从宏观层面看，国家的性质与劳动的性质和意义决定了教育必须与劳动相结合培养全面发展的人。从微观层面看，教育需要融入各种类型的劳动，以摆脱人的发展的片面性，体念、发扬、传承中华民族对劳动的积极情感体验和对劳动者的热爱和尊重之情，培养和弘扬劳动精神，并通过劳动因素的融入扩大学校教育的知识范畴，传授一些初步的劳动知识和技能。这也是劳动的自然需要，因为教育要积极顺应、保护、引导学生自然本性发展的规律。恩格斯、夸美纽斯曾阐发一个相似的观点，即人的“身体”为劳动所发展、“为劳动之用”❶。在劳动教育中，教育与劳动的充分结合将学生引导至有利于自身更高一级再生产的方向和层次上去。

“生产中的教育需求”主要是指“劳动过程的技术属性”“劳动过程的社会属性”因对劳动者劳动素养的现实要求对教育产生了不同需求❷。从宏观层面看，社会生产需要教育培养社会生产力发展最基本、最活跃的“因素”，只有结合教育，才能使社会生产发展至“现代技术水平和科学知识现状所要求的那种高度”❸。从微观层面看，社会生产的发展需要教育培养出能充分调动、综合运用自己一切体力和脑力的人，使未来劳动者在劳动的知识、技能与价值观诸方面能与社会生产的发展相适应。随着社会物质生产的发展，社会主义建设对教育提出了更高的育人要求。此外，在特定时期的特殊环境下，社会生产对教育的需求亦体现在需要将具有初步知识和技能的学生充实到力所能及的社会生产战线上去，承担一定的社会生产任务，为社会提供一定的物质基础。

上述国家劳动教育观念演变的四个方面充分揭示了国家将劳动教育放置于一定“价值-规范文化”❹范畴内和社会主义建设的具体语境中，既考虑到劳动教育的育人功能的实现，又注意对社会发展的现实问题予以一定的回应，努力将学生的思想道德层面和知识能力层面的培养落实到实现育人和满足社会需要的相互统合中。但是，“教育中的劳动需求”在特定阶段对“生产上的教育需求”是“有选择性”的统一。换言之，我国在思考如何更好地满足教育对劳动的需求时，大体上“否定”了社会生产的发展对教育提出

---

❶ 夸美纽斯. 大教学论[M]. 傅任敢，译. 北京：人民教育出版社，1984：372.

❷ 陈桂生. 教育原理（第3版）[M]. 上海：华东师范大学出版社，2016：77.

❸ 华东师范大学《列宁教育文集》编辑组. 列宁教育文集（上卷）[M]. 北京：人民教育出版社，1984：40.

❹ 同❷.

的“短期”效益的暂时性满足，例如，否定将劳动教育只作为简单的体力劳动、单纯获取经济利益的手段的观点，降低知识教育，扩大教育中劳动的生产性价值等，基本上以满足“教育上的劳动需求”为基础。“生产中的教育需求”对“教育中的劳动需求”起一定方向性作用，而“教育中的劳动需求”大体上居于基础性地位。不管处于社会主义发展的何种阶段，劳动教育观念无法脱离在“保护劳动能力”的基础上进一步实现劳动力本身的更高一级再生产这一中心任务❶。国家劳动教育观念演变的核心在于随着各时期社会生产发展对教育提出的新要求与教育对劳动所要达到的育人功能的“规定”性任务的变化，如何在满足“两种需求”中寻到切实的结合点。

（二）劳动教育观念演变的非连续性：三重“断裂”

观念从本质上看是被语境包裹着的对特定问题、命题以一定态度的言说及其意图为表现形式的集合体。斯金纳强调，研究观念要重建社会的语境和语言的语境❷。以下结合社会的语境和语言的语境，从三个方面揭示国家劳动教育观念在演变中发生的一定程度的“断裂”。

1. 事实蕴涵的变化：从对教育与社会之间关系的“适应”到对其“满足”

劳动教育观念在演变中呈现出满足“教育上的劳动需求”和“生产上的教育需求”相统一的重要特征。劳动教育观念本身在深层上是由教育领域和社会领域中一系列客观存在且交叉关联、相互影响的问题和事件而触生，且被人们按照教育的原则和基本规律、社会发展规律等进一步理解而形成。从事实层面来看，各历史时期的劳动教育观念呈现出一定的区别，存有的差别性构成了劳动教育观念演变中的“非连续性”的事实。

改革开放以来，教育与社会之间的关系主要经历了从二者之间的“适应关系”发展为“超前布局、更高站位”实现持续“适应化”的关系。劳

❶ 陈桂生. 教育原理(第3版)[M]. 上海:华东师范大学出版社,2016:71.

❷ 李汉松. 语境中的观念——访昆廷·斯金纳教授[J]. 刘林,译. 哲学动态,2017(6):105-113.

动教育作为教育的重要组成部分被“裹挟”在教育与社会之间存在的客观关系及其被识得中，而被赋予了不同的理解，呈现出观念上的差异。

具体地说，20 世纪 70 年代后期到 21 世纪初，我国将教育同社会之间的关系界定为“适应化”的关系。这一论断主要基于新中国成立以来整个教育欠缺对社会主义社会发展进行主动适应的活力和能力。对新中国成立以来教育同社会之间“被动”耦合关系具有一定程度的超越。教育同社会之间的“适应化”关系在暗含了二者之间“被制约”和“决定”关系的同时，彰显出注重教育对社会发展需求的积极回应态度及回应能力的提升问题。

1977 年、1978 年，邓小平先后提出劳动类型同社会主义社会发展之间的“适应化”问题、教育事业对国民经济发展需求的“适应化”问题、“教育与生产劳动相结合”对国家生产建设发展需求的“适应化”问题。1978 年，国务院批转了教育部有关贯彻教育同生产劳动相结合达成一定的人才培养规格同社会主义四化建设相适应的指导意见。在此指导下，我国不但从以经济建设为中心的社会主义建设的宏观层面来对教育同生产劳动之间的结合进行宽泛化理解，还从劳动育人的两个微观层面，即学生思想道德层面和劳动的基本知识、技能层面更好地适应社会主义四化建设的需求，对劳动教育和农村劳动教育当如何更好地适应社会主义建设和农村社会发展的要求进行深入的思考和探索。劳动育人的科学实践活动建立起对社会发展之间的“适应”关系。1992 年，党的十四大召开后，我国侧重于解决教育与社会主义市场经济体制更好地适应的问题。我国意识到社会主义市场经济与教育之间的积极关系和社会主义市场经济可能给教育带来的负面影响，这就要求我国在按照社会主义市场经济体制和社会发展需求来培养人的同时，必须“要用长远眼光”“从国家民族根本利益的高度来认识和处理教育工作中的各种问题”，“致力于提高整个国民素质和社会的文明水平”❶。这样，教育才能更好地适应社会主义现代化建设要求。2000 年前后，劳动教育在教育更好地同社会主义现代化建设相适应的改革中被赋予对人

❶ 柳斌同志在国家教委 1996 年教育工作会议上的讲话[G]//何东昌. 中华人民共和国重要教育文献(1991—1997). 海口：海南出版社，1998：3939.

的素质的全面提升的重要任务。在对教育同社会之间“适应化”关系认知的基础上，我国积极探索和研究劳动教育在新的历史条件下自身发展问题，围绕着教育与运用现代化科学技术的劳动同社会实践相结合实现思想道德和劳动能力方面的培养对社会发展需求的主动适应。

新时代，党中央将教育同社会之间的关系界定为：“我们要抓住机遇、超前布局……不断使教育同党和国家事业发展要求相适应、同人民群众期待相契合、同我国综合国力和国际地位相匹配”❶。新时代，对教育和社会之间关系的理解既立足于当前又着眼长远，超越了在经济层面构建二者之间的“适应化”关系。“不断使二者相适应”既强调对当前需要的满足，又超越当前，谋求教育同国家和社会发展的长远契合。当前我国正在深化教育领域的综合改革，建设社会主义教育强国，这对实现中华民族伟大复兴的中国梦，建设社会主义现代化强国，以及构建社会主义社会平等、和谐的新型劳动关系等有着重大的现实意义。“教育强国建设分阶段目标任务”应超前实现教育现代化的需求被要求尽快确立，而培养德智体美劳全面发展的社会主义建设者和接班人的总目标和落实“立德树人”的根本任务等是“当前教育改革发展的行动指南和加快教育现代化的基本遵循”，更是为实现到“本世纪中叶基本实现国家现代化”和“全面建成社会主义现代化强国的更高目标”的重要战略部署❷。

劳动教育作为直接关乎社会主义事业合格的建设者和接班人培养的育人活动，正是对全面建成社会主义现代化强国的最高目标的实现在教育领域的阶段性部署。劳动教育正随着教育领域的改革为实现培养满足社会发展需要的全面发展的人的目标而进行彻底改革，牢固坚持“教育与生产劳动相结合”的育人本质以及“立德树人”的根本任务，使劳动教育能够满足社会主义社会发展对人才培养提出的重要要求。当前我国将劳动教育纳入社会主义教育体系中，努力构建更高水平的人才培养体系，并对新时代加强劳动教育进行了总体规划、全面部署及科学研究，以思想认识、情感

---

❶ 教育部课题组.深入学习习近平关于教育的重要论述[M].北京:人民出版社,2019:143.

❷ 教育部课题组.深入学习习近平关于教育的重要论述[M].北京:人民出版社,2019:146,147.

态度、能力习惯三个层面规定劳动教育的育人目标，努力构建大中小学劳动教育体系，全面落教育方针，在一定程度上“超越”了劳动教育对社会主义社会发展在某方面的“适应化”。劳动教育以回归“育人为本”的本质来满足教育与社会主义社会建设之间的关系，这种“满足”是双向的，既是劳动教育对社会发展于全面发展的建设者的需要的满足，又是劳动教育对自身科学化发展、促进社会主义教育发展的一种“满足”。

改革开放以来，在教育与社会之间客观关系的指引下，我国逐渐深化对劳动教育自身基本规律和原则的研究，不只依循教育对社会的被动“服从”关系，还不断拓宽和深入理解劳动教育在其与社会之间的客观关系中自身的发展空间。此外，教育同社会之间被识得的客观关系在某种程度上是对时代精神的一种表达，为对劳动教育的认知增添了时代性内容，或在历史的长河中逐渐消逝，抑或是经历了时间的洗礼和实践检验成为一种宝贵的经验留存下来。例如：改革开放以来，劳动教育与解决“升学”问题相等同，学生在劳动教育中被作为潜在劳动力进行“加工”，劳动教育同社会生产力发展在特定时期内产生一定程度的直接对接等观点随着教育的发展和社会生产力的迅猛发展而自然“消失”。在全面推进整个教育事业同国家事业发展要求更深层契合的过程中，劳动教育紧扣育人本质当是教育同社会发展之间客观关系被识得的必然趋势。

2. 价值取向的内在转变：从育德、育技到育人

劳动教育实质是发挥劳动育人价值的教育活动，对劳动教育形成的深刻理解归根到底是对劳动育人价值的发挥之探寻。促进个体的全面发展是新中国劳动教育观念的重要价值追求。但是，这一价值追求中对劳动教育中劳动当发挥的具体价值指向是有一定区别的。劳动育人价值的具体选择与社会阶级阶层结构的变迁发生一定关联，劳动培养人的具体方向的指向则与国家对劳动于社会身份塑造的导向具有内在一致性。人作为社会各阶级阶层的主体，在社会阶级阶层中的所属位置是人的社会身份的重要标志。具有不同社会身份的人更是推动国家发展和社会进步的各重要力量。劳动教育中的人作为受教育和进行劳动的实践活动的主体，是处于一定社会关系中的人，更是未来社会阶级阶层结构和社会阶级阶层关系的重要构建者，

共同构成了国家和社会发展的重要基础。实现学生在有教育意义的劳动中获得何种社会身份塑造的能力和进行社会流动的能力关系到国家的建设和社会的发展。劳动教育观念中始终存有的对体力劳动和劳动者的尊重、热爱之情无疑是对社会阶级阶层关系构建的关注和指向，对劳动生产的初步知识和技能培养的指向饱含着国家对实现社会阶级阶层流动的关照。

伴随着社会阶级阶层结构的变动，劳动在社会语境中的内涵和意义、国家对劳动于社会身份塑造之间的导向也发生着变化，随之我国对劳动教育中劳动的教育价值发挥的具体指向发生了重要转变，即从育德、育技，到育人。我国一般从社会发展史和人类发展史的角度来理解劳动，而教育最基本的功能就是实现人的社会化。不论居于社会阶级阶层中的何种位置，培养劳动的观点、劳动习惯和掌握一定的劳动知能始终是社会身份塑造的基础。通过劳动培养未来社会身份塑造的“能力”从某种意义上指引着我国对劳动教育中劳动育人价值的深层思考。

党的十一届三中全会以后，新中国成立以来的计划经济体制逐渐被改变，随着国家经济体制的进一步改革、产业结构的优化升级、教育体制的变革等，我国社会结构发生了深刻的变革，逐渐形成了“社会十大阶层”的新阶层结构❶。伴随其中的是，劳动与物质报酬直接挂钩，劳动的类型和职业的分类呈现出多元化发展态势，劳动于各社会成员的身份在经济方面的意义更甚，而劳动于社会成员身份的政治意义也蕴含在社会成员对待劳动的态度和行为以及如何看待自身为社会主义建设事业服务所作的贡献之中。蕴含现代化科学技术的劳动及运用现代化科学技术的能力被摆在社会主义经济建设和教育改革发展的突出位置。

1978 年起，随着我国对“按劳分配的社会主义原则”的提出，劳动就突破了在比政治身份意义更甚的社会阶级阶层结构中对社会成员身份的指向。1978 年，我国提出社会主义建设必须坚持“各尽所能、按劳分配”的原则。劳动的收益或任何损失均同广大劳动人民的切身利益紧密联系；劳

❶ 陆学艺.当代中国社会流动[M].北京:社会科学文献出版社,2018:108.

动的数量、劳动的质量是劳动报酬评定的主要标准❶；“以劳动为尺度”（“劳动好坏、技术高低、贡献大小”）必须要同劳动者的政治表现相结合，即劳动者如何看待和处理以劳动对社会主义建设事业做贡献的问题❷。国家对“劳动创造价值”的马克思主义原则也进行了深入的研究，强调要研究“劳动价值论”在社会主义市场经济发展中的实际运用问题，“应当充分认识和评价智力劳动所创造的价值”❸，且注意“从制度上保证各类人才得到与他们的劳动和贡献相适应的报酬”❹ 等观点。

换言之，一切体力劳动者和脑力劳动者都是社会主义社会的重要建设力量，但是脑力劳动者愈发成为社会主义现代化建设的中坚力量，我国更加注重和注意研究蕴含现代化科学技术的高级复杂劳动与价值创造之间的关系。此外，我国还注意通过科学技术体制改革激发现代科学技术在社会主义经济建设中的活跃力量，纠正对一些行业和领域中的劳动的错误观点，例如，改变“轻商”的态度❺。在社会主义经济建设的语境中，打破了传统意义上将劳动与体力劳动相等同作为政治意义上的身份认同的重要标识，更为重视与现代化科学技术紧密联系的劳动对个人和社会物质财富增加、国民经济发展发挥的重要推动作用。

随着所有制结构的进一步调整和生产要素市场的发展，运用现代科学技术的劳动在社会主义市场经济中愈发发挥着关键性作用，高级复杂性劳动作为推动国民经济的重要劳动形式，其从业者在社会阶层结构中愈发处于不断上升的趋势。同时，国家通过将经验管理、知识、技术、资本等生产要素参与分配来保证广大劳动者的根本利益的同时，社会各阶层成员之间的收入差别进一步扩大化。与此同时，国家户籍制度的改革、大学毕业“包分配”制度的取消等不断刺激着劳动力和人才的社会性流动。随着新社

---

❶ 本报特约评论员.贯彻执行按劳分配的社会主义原则(特约评论)[N].人民日报,1978-05-05(1)

❷ 邓小平.邓小平文选(第二卷)[M].北京:人民出版社,1994:101.

❸ 中共中央关于科学技术体制改革的决定[G]//中共中央文献研究室.十一届三中全会以来重要文献选读(下册).北京:人民出版社,1987:841.

❹ 江泽民.江泽民文选(第三卷)[M].北京:人民出版社,2006:290.

❺ 同❸.

会阶层、组织和利益群体的出现，各社会阶层基于不同的职业分类在社会经济地位的上升和下沉的方面显现出了一定的不平衡趋势，社会阶层的社会地位的所属层次同其所处的社会经济地位并不完全一致。社会经济领域的深刻变革使得社会各阶层之间的利益进一步出现分化，其中最为典型的就是社会成员之间出现的劳动力的雇佣与被雇佣关系、对生产资料的占有与不占有情况以及生产资料的占有者或非占有者同自身劳动力之间发生的多重关系等，这使得劳动成为了社会利益格局和利益关系中的重要因素。

当劳动和劳动报酬在社会利益格局中呈现出不对等的情况，且伴随着改革开放和社会主义经济建设过程中社会价值观逐渐多元化发展，“热爱劳动”的中华民族优良传统美德和国家全体公民的道德准则如何在社会变革的复杂局势中得到坚守并不断传承，不仅是社会主义国家建设和发展中不可回避的重大问题，还是党和国家在教育领域给予极大关注的难题。中国社会科学院社会学所“当代中国青年价值观念演变”课题组经过两次问卷调查，得出青年学生在劳动问题上的态度和价值观具有较大的不稳定性甚至呈现出不容乐观的趋势的结论。研究表明，商品经济的发展使当代青年学生，尤其是城市青年在劳动动机、劳动态度、劳动的进取精神等方面均呈现出消极、被动的特点，“不能使我们对当代青年的主体意识、进取精神有过高的估计”❶。

自20世纪80年代起，我国不断构建社会主义的“义利观”和社会主义“劳动观”。1980年，为纠正劳动与个人物质报酬直接挂钩滋生个人主义，邓小平强调，承认物质利益决不意味着“个人都向‘钱’看”，“抛开国家、集体和别人”，全体人民和全体青少年都必须明确且坚持“先公后己”的集体主义原则❷。1980年起，我国开始讨论、研究进行社会主义精神文明建设，强调社会主义建设决不能脱离共产主义思想和共产主义道德❸。

---

❶ 中国社会科学院社会学所“当代中国青年价值观念演变”课题组. 中国青年大透视——关于一代人的价值观演变研究[M]. 北京:北京出版社,1993:51,59.

❷ 肃清封建主义和资产阶级思想影响[G]//何东昌. 中华人民共和国重要教育文献(1976—1990). 海口:海南出版社,1998:1830.

❸ 邓小平. 邓小平文选(第二卷)[M]. 北京:北京人民出版社,1994:367.

2000年以后，江泽民、胡锦涛进一步强调体力劳动和脑力劳动都是光荣的，要努力构建和谐的劳动关系。劳动对社会各阶层成员身份在经济层面的指向更甚的同时，劳动在思想道德层面的指向也相伴其中，后者在一定程度上是为了保证经济范畴中的劳动又是道德范畴中的劳动。

这一阶段，国家劳动教育观念的构建正是围绕着两个方面展开。一方面，基于劳动对社会成员身份在经济层面的指向，强调以教育与现代化科学劳动相结合来实现对一定劳动技能的培养，尤其将包含技术教育因素和职业教育因素的劳动内容和类型融入教育中，将劳动生产的知识和技能、经营管理的初步知识等纳入劳动教育中，不断丰富劳动教育的内容和任务，并将技术教育逐渐融入劳动教育中，将对劳动生产的基本技能的培养发展为对现代化科学技术具有运思能力的培养。在对农村劳动教育的认知中，尤为凸显引导农村学校的学生积极投身农村经济建设和农业现代化发展，强调农村劳动教育在价值观、技能等方面的培养要与农村生活、农业发展相适应。另一方面，劳动教育不脱离劳动对社会成员身份于思想道德层面的指向，保证社会主义劳动观点和劳动态度始终贯穿社会主义经济建设之中。教育与现代化科学劳动的结合的重要方面仍在于正确的劳动观点和劳动习惯的培养，并将社会主义劳动者当具备的一些思想价值观念和道德品质融入其中，在培养有利于社会主义经济建设需要的思想价值观念的同时，注意培养学生认真甄别复杂多元观点的能力以应对多元价值观的冲击，并培养学生抵制精神污染的能力。这也是转变社会风气和构建和谐劳动关系的重要途径，以在社会经济建设中进行社会主义精神文明建设，始终坚持走与广大工农群众相结合的道路。

新时代劳动教育中劳动的育人价值具体指向是培养能实现“高水平”社会流动的全面的劳动素养。当前我国已经形成了“十个社会阶层和五种经济地位”的社会结构❶，非公有制经济的不断发展使得新社会阶层接连涌现。党中央对新的社会阶层极为关注，要求注意引导新的社会阶层发挥自身的优势积极推动经济社会的发展。劳动和劳动者作为一个概念的范畴被进一步扩大。一方面，为自身和社会创造价值的劳动在本质上无关乎劳动

---

❶ 陆学艺. 当代中国社会阶层[M]. 北京：社会科学文献出版社，2018：7.

技术含量的高低，不独强调运用现代化科学技术的劳动和科技工作者对社会主义现代化建设的贡献。习近平认为，“劳动没有高低贵贱之分，任何一份职业都很光荣”❶，且更为重视一线劳动者的劳动价值，要求不断增加一线劳动者的劳动报酬❷。另一方面，我国始终强调要坚持工农群众作为实现中国梦的基础力量在党和国家事业中的重要地位，必须紧紧依靠工人阶级和广大劳动群众，全面建设社会主义现代化国家。包括新的社会阶层在内的社会各阶层人士皆要共同积极投身到社会主义现代化建设的伟大事业中去，切实履行社会责任，担当起国家各行业领域建设的重任。将社会各阶层人士均界定为中国特色社会主义事业的建设者，是我国对现阶段社会阶层构成变化的科学理解和正确认知，更是我国对社会主义条件下人民内部出现的社会各阶层之间复杂关系以及存在着的利益关系、利益冲突和矛盾的协调和正确处理。我国强调一切社会主义劳动者皆是光荣的、值得尊重的，既应获得尊严和体面、全面发展的权利，又应“辛勤劳动”“诚实劳动”“创造性劳动”，弘扬“劳模精神”“劳动精神”“工匠精神”。这又对广大劳动者的素质提出了要求，所有社会主义劳动者当热爱劳动、勤于劳动、善于劳动。

对劳动和劳动者在中国特色社会主义新时代进行明确阐释，是为了使全社会劳动者都能以自己的劳动为中国特色社会主义建设贡献力量，在投身社会主义建设事业中进一步促进人自身的全面发展，创造美好生活，以使中国特色社会主义事业的发展成果惠及每一个人。为了破除劳动者在全民族共同事业中进行自由流动的障碍，使每个社会成员都能通过辛勤劳动实现自我价值和社会价值的创造，我国对劳动力和人才的社会性流动体制机制进行改革，保障社会性流动渠道的畅通。我国在坚持“市场引领和政府引导的双轮推进”促进劳动力和人才社会性流动的同时，“贴近新时代中

---

❶ 习近平. 在知识分子、劳动模范、青年代表座谈会上的讲话[N]. 人民日报，2016-04-30(2).

❷ 习近平. 在庆祝“五一”国际劳动节暨表彰全国劳动模范和先进工作者大会上的讲话[N]. 人民日报，2015-04-28(2).

国经济建设发展的迫切要求”[1]，号召学生“踊跃到基层、到祖国和人民最需要的地方去建功立业、实现人生理想”[2]，鼓励发扬自强自立的精神、灵活就业，让创新、创业、创造在全社会蔚然成风。为了更好地适应未来市场和基层对学生的劳动素养的要求、实现学生在未来的高质量社会性流动，必须要注意全面提升学生的劳动素养。

新时代以“育人为本”的劳动教育观念直接体现为对学生劳动素养的全面提升。国家明确将劳动素养的全面提升作为劳动教育的重要任务和目标[3]，将劳动素养具体定位为合格的社会主义建设者和接班人当具有的劳动精神面貌、劳动价值取向、劳动技能水平。通过劳动教育、全面提升学生的劳动素养为学生在未来实现高质量社会流动奠定重要基础，使学生能自由且有能力地流动到一切要素和活力竞相迸发的领域中去。只有这样，社会各群体成员才能面对经济社会广泛、深刻的变革带来的社会阶层结构不断变化的现实，始终坚实地凝聚在党和国家周围，充分发挥对经济社会发展的推动作用，并在国家发展的广阔空间内进一步实现自我价值，创造更美好的生活。

劳动教育中劳动的育人指向因劳动对社会成员身份塑造的具体指向的变化而发生“偏重”。“育德”“育技”“育人”并不是相互矛盾、冲突的关系，而是总体上呈现出国家对学生作为社会主义劳动者所具备的劳动素质的潜在期待，而这种期待同国家建设和社会发展紧密关联，又充分体现出将实现人的发展作为重要落脚点。

---

[1] 田丰.解读|促进劳动力和人才社会性流动,激发经济社会发展内生动力[EB/OL].百度网:https://baijiahao.baidu.com/s?id=1655343844448172467&wfr=spider&for=pc,2020-01-10.

[2] 孙春兰.唱响新时代爱国团结跟党走的青春之歌——在中华全国青年联合会第十三届委员会全体会议和中华全国学生联合会第二十七次代表大会上的致辞[EB/OL].教育部网站:http://www.moe.gov.cn/jyb_xwfb/moe_176/202008/t20200818_478660.html,2020-08-17.

[3] 教育部共青团中央全国少工委关于加强中小学劳动教育的意见[EB/OL].教育部网站:http://www.moe.gov.cn/srcsite/A06/s3325/201507/t20150731_197068.html,2015-07-24.

3. 认知方式的转换：从外生性视角向内生性视角深入

马克思指出，语言是“思维本身的要素”和“思想的生命表现”[1]。柏林在评价维柯的词源说明时指出，“旨在表达观念”的语言“与观念是一体的”，其变化“不仅能证明观念的变化，它还是观念之变化的重要组成部分”[2]。话语作为一定语境下按照特定意向性和一定规则对语言的运用，既能体现出观念的变化，又对人的思维方式产生重要影响，是对相关问题进行思考的重要方式。

改革开放以来，劳动教育观念的话语表达在坚持马克思主义话语的同时，在马克思主义理论建设和实践经验中进行了中国化构建，逐渐向形成具有中国特色的教育话语深入。教育观念话语的递嬗表明我国在不同社会发展阶段理解劳动教育的认知方式及其“结果”存在着一定差异。劳动教育观念在演变中的“非连续性”也在此产生。

邓小平有关“新的历史条件下教育与生产劳动相结合在结合内容和结合方式上要有新发展”的重要论断，“深刻揭示了教育与经济、教育与科技之间内在关系的客观规律”[3]，为“教育与生产劳动相结合”的马克思主义原则的中国化发展指明了方向。在这一论断的指示下，我国与时俱进地看待和处理教育同生产劳动之间的结合问题，不断涌现出新的劳动教育话语，例如，“劳动和社会实践教育”“劳动技术教育”“劳动与技术教育”。劳动教育观念的表达话语逐渐彰显教育的科学化发展，尤其是“素质教育”话语的融入，诠释了劳动教育与人的素质提升之间的密切关系，表明了对劳动教育在社会主义教育体制和人才培养体制改革中的育人功能的发挥之认知朝着纵深化方向发展。

新时代劳动教育观念的话语表述完全向着教育话语深入，并逐渐建构具有中国特色的劳动教育话语，充分体现了劳动教育既要立足于教育的科

---

[1] 马克思. 1844年经济学哲学手稿[M]//中共中央马克思恩格斯列宁斯大林著作编译局. 马克思恩格斯文集(第一卷). 北京:人民出版社,2009:194.

[2] 以赛亚·观念的力量[M]. 柏林. 胡自信,魏钊凌,译. 南京:译林出版社,2019:89.

[3] 中国教育学会秘书处. 中国教育学会蓬勃发展20年[G]//何东昌. 中华人民共和国重要教育文献(1998—2002). 海口:海南出版社,2003:259.

学化发展，又要充分贴合平实的生活、朴素的思想体验。

一方面，我国立足于劳动教育本身，从教育学立场来科学定位劳动教育的教育价值，明确阐明劳动教育的基本问题，对劳动教育的内涵、主要内容、基本理念、实施途径等进行了明确的阐述，并将劳动教育的学理性问题同不同发展阶段学生的身心发展的特点相结合，细化为各级各类学校实施劳动教育的细则，并将“话语”的对象拓展至广大学生家长、各社会机构和人士等，以使家庭和全社会助力劳动教育。

另一方面，党中央在新时代尤为注重劳动教育在社会主义教育系统中的独立地位和独特的育人意义、育人价值。习近平在多个场合以全体人民人生价值和幸福生活实现的“中国梦”、中华民族传统精神和优良美德等为切入点，用平实的语言、诗文等方式阐释了劳动在新时代的内涵和价值，以广大人民群众和全体学生通俗易懂的语言来诠释当前中国化的马克思主义劳动观和劳动价值观，进一步丰富了马克思主义劳动话语，阐明人的人生价值和幸福生活的实现同社会主义劳动本质的根本彰显、社会主义劳动精神的发扬之间的内在关系，强调对学生进行“勤于劳动”“善于劳动”“热爱劳动”的教育的必要性和重要性。新时代劳动教育观念话语的教育化、大众化相结合的表达用以彰显劳动教育在教育体系中的重要育人价值的同时，说明了处于大众化语境中的劳动教育与所有人、整个社会、日常生活息息相关。

改革开放以来，国家劳动教育观念话语表达的变化体现了国家对劳动教育认知方式的变化，由“根据社会的发展去把握人的发展、根据人的发展去进行教育”[1] 发展为“根据社会的发展去把握人的发展，根据人的发展和教育的基本规律以及原则去进行教育”。如徐特立所言，教育的发展和育人效益的发挥难以单纯依托教育本身去解决，需要整个社会制度予以配合的科学的方法来解决[2]。换言之，一定社会制度下学生的教育无法脱离这一社会制度本身，也无法忽略人在教育中的发展问题，劳动教育自身问题的

[1] 陕西师范大学教育科学研究所. 刘泽如教育文选[M]. 西安:陕西师范大学出版社,1993:2.

[2] 武衡,谈天民,戴永增. 徐特立文存(第五卷)[M]. 广州:广东教育出版社,1995:182.

解决、劳动教育的发展、劳动教育育人目的的根本实现无法通过“就教育谈教育”的方式来达成，也不能完全通过社会政治经济制度和规律来予以达成[1]。这样，人在教育中的发展问题以及对教育基本规律、原则的研究就显得尤为重要，会使得“根据社会的发展去把握人的发展”产生两条有区别的道路，即利用外生性的“制度”来培养人和激发主体的内在养成。中国共产党在革命战争时期形成了将教育之外的一些因素作为理解劳动教育的重要因素，将一些外部因素的实现作为衡量劳动教育育人目标是否实现的重要标准，这一思维模式在改革开放之前仍存在于对劳动教育的思考和处理中。但是，这并不意味着完全对劳动教育育人本质的背离，而只是未深入探究劳动教育本身的基本规律和原则，未从足够长远的发展角度来看待人的发展。改革开放以来，我国仍立足于劳动教育与社会发展的适切性角度，与此同时，不断对劳动教育进行科学化研究，直至抓住劳动教育的育人本质对劳动教育进行顶层设计和具体规划，使得对劳动教育的认知既不脱离社会的发展，又准确地依据教育的基本规律和原则来实施劳动教育、实现人的发展。这一认知视角的变化是社会生产力发展至一定水平时，对劳动教育和人的发展问题的认知不断深化的必然结果。

综上，国家建设和社会发展的不同任务，国家对学生作为社会主义劳动者和社会主义建设者的劳动素质的期待，国家对人的发展的实现方式的把握，促使国家劳动教育观念的演变发生了三重“断裂”。这三重“断裂”体现了国家对实现人的发展和社会发展相统合的不同权衡。

第二节　劳动教育观念演变的逻辑

劳动教育观念并非以劳动教育为对象的一种简单的认识活动，它总是依据一定的逻辑原则按照一定的逻辑线索发展的。各历史阶段国家对劳动教育的指导性观念实质是一种逻辑表现的呈现。潜藏在具体观点下的逻辑原则是在时代和人类社会生活的演进过程中对劳动教育认知的思维原则，

---

[1] 潘懋元.教育外部关系规律辨析[J].厦门大学学报(哲社版),1990(2):1-7,38.

既“以指导思维为任务”，又“以指导行动为实践责任”[1]。劳动教育观念演变的逻辑是研究劳动教育观念演变的关键，有助于从总体上进一步把握劳动教育观念如何变和何以变的问题，以对劳动教育观念的演变形成一种概观。

（一）国家发展意识支配着劳动教育观念演变的进程

习近平指出，“实践告诉我们，发展是一个不断变化的进程，发展环境不会一成不变，发展条件不会一成不变，发展理念自然也不会一成不变”，而受之引领的发展实践也在随之发生变化[2]。贯彻一定的发展理念就是贯彻国家建设的基本方略。这实质上是对国家发展意识的具体体现，即对国家发展的需求和要以何种精神和办法进行发展等问题而产生的自觉的理性认知活动。我国在各社会发展阶段有着不同的发展意识。发展意识贯穿国家发展理念的形成和建设事业的总体布局。同时，教育事业在受其引领以及与国家建设事业的总体布局相协调、相统一的过程中，教育观念随之发生着相应的变化。

改革开放以来，考虑到具体国情、自身发展的条件以及社会发展的规律，国家发展意识在宏观层面经历了一个重要的转向，从以科学和改革的精神进行社会主义现代化建设，到以“促进人的全面发展”为重要价值旨归建设社会主义现代化强国。1976 年以后，我国在全面纠偏工作中总结经验教训，深入思考和研究如何进行社会主义现代化建设，邓小平形成了以一种突破传统工业发展思维、讲求以现代化科学技术来指导国家工业发展的想法[3]。1977 年，邓小平阐述了现代科学技术发展对以社会主义经济建设为主的社会主义现代化建设的至关重要性[4]。“科学技术是第一生产力”“科教兴国”等正是把发展现代化科学技术作为新的条件下建设社会主义的一

---

[1] 中国逻辑史研究会资料编选组. 中国逻辑史资料选 · 现代卷[M]. 兰州：甘肃人民出版社，1991：278-279.

[2] 习近平. 习近平谈治国理政(第二卷)[M]. 北京：外文出版社，2017：197.

[3] 邓小平. 邓小平文选(第二卷)[M]. 北京：北京人民出版社，1994：29.

[4] 邓小平. 邓小平文选(第二卷)[M]. 北京：北京人民出版社，1994：86.

条基本方针的集中体现。此外，解放思想、实事求是的思想路线得到根本确立，孕育了社会主义改革的思想并指明了社会主义改革的方向。总体上看，1978 年以后，我国对社会主义政治制度、经济制度、教育制度等方面的建设均秉持实事求是、“研究新问题、解决新问题”的改革精神和尊重、重视现代化科学技术的基本精神。

1976—2012 年，国家发展意识对劳动教育观念演变进程的支配关系呈现出双向行进的特征。一方面，国家建设的中心任务的转移，一定程度规定了教育同生产劳动在新的历史条件下的结合方式和结合内容，对有关劳动教育相关问题的思考提供了重要的方向性指引和基本思路，即办劳动教育必须围绕着国家经济建设和社会主义现代化建设的需要。由此，如何推进劳动教育与国家对社会主义市场经济建设的规划和对农村经济社会发展的规划等相结合，成为了劳动教育观念演变的重要方面。另一方面，国家“科学化”发展意识指明要科学地研究教育中的生产劳动等问题，要建设有中国特色的社会主义教育和有中国特色的教育科学，推动了对教育本质、教育功能等教育的讨论和研究，促使对劳动教育的认知被放置在阐明教育、经济、科学技术之间的客观规律和内在联系的理论框架之中，在我国教育领域的不断深化改革中，逐渐注意凸显劳动教育中“人”的因素。

自党的十八大以来，“人”的因素在国家发展意识中得到不断凸显，促进人的全面发展成为建设中国特色社会主义的总体布局之价值共识。广大人民群众作为社会主义建设的根本力量，国家的发展就在于依靠他们，也在于为了他们的全面发展。实现人的全面发展必然是在党和国家领导下的中国特色社会主义的总体布局和战略布局中不可丢且必须被加以凸显的重要原则和价值追求。“一切发展归根结底都要靠人去实现，一切发展归根结底都是为了人的发展”❶。共产主义理想就是实现一个“自由人联合体”，而社会主义是共产主义的初级阶段，理应将“促进人的全面发展”视为其本质要求。当前我国正处于社会主义初级阶段，以“科学社会主义理论逻辑和中国社会发展历史逻辑的辩证统一”为基础形成的中国特色社会主义则

---

❶ 李龙强. 不断满足人民美好生活需要 解决新时代社会主要矛盾善抓根本(新知新觉)[N]. 人民日报,2019-08-27(8).

是社会主义发展的“中国模式”，即“中国人民在自己的奋斗实践中创造的中国特色社会主义道路”❶。“人”和“人的全面发展”被提升到了新的战略高度，成为国家各项事业建设和发展的价值共识。

同时，“习近平领导的改革具有新时代的特点：更注重突破利益固化的藩篱”，“更注重顶层设计，强调‘系统性、整体性、协同性’”❷。根据习近平对新时代改革的全面领导之根本精神，全面深化改革的发展意识必然要求“以鲜明的问题导向”，“集中力量突破制约教育事业发展的关键环节”❸，即破除一切不利于教育高质量发展和高水平人才培养的顽瘴痼疾，瞄准教育中“不平衡不充分”部分，改进关键性薄弱环节。在国家发展意识的指引和内在要求下必然牢固树立“育人为本”的根本立场，以系统性、整体性、协同性思维对劳动教育进行顶层设计和具体部署。

概括地说，以“人”和“人的全面发展”为一切工作的出发点和归属，党和国家充分继承了党的十八大报告中对教育系统当坚持和发展中国特色社会主义的核心观念，尤为强调把立德树人作为教育的根本任务，并将“劳”纳入社会主义教育体系中，推动了在“育人”与“立德”相统一的人才培养辩证法中来研究劳动教育，努力切实补齐劳动教育的短板，解决教育“不平衡不充分”发展的问题。习近平强调，教育应社会主义现代化建设、人的全面发展、社会全面进步的要求，必须把不利于培养全面发展的社会主义建设者和接班人的教育目的根本实现的任何做法都要坚决改过来❹。新时代国家发展意识直接融入国家更高一级的人才培养体系的构建中，直接体现在全面发展的教育体系的构建上，以教育方针的形式从根本上确立劳动教育必须要服务于“立德树人”这一教育根本任务的观念。

---

❶ 习近平. 关于坚持和发展中国特色社会主义的几个问题[G]//中共中央文献研究室. 十八大以来重要文献选编(上). 北京:中央文献出版社,2014:118,111.

❷ 特稿:习近平与新时代的中国[EB/OL]. 中国共产党新闻网:http://cpc.people.com.cn/n1/2019/0930/c64094-31380680.html,2019-09-30.

❸ 高杭. 更加注重教育改革的系统性、整体性、协同性[J]. 中国高等教育,2019(Z3):58-60,58.

❹ 坚持中国特色社会主义教育发展道路 培养德智体美劳全面发展的社会主义建设者和接班人[EB/OL]. 教育部网站:http://www.moe.gov.cn/jyb_xwfb/s6052/moe_838/201809/t20180910_348145.html,2018-09-10.

此外，国家加强了对劳动教育的科学研究，聚焦劳动教育本身，制定了一系列指导劳动教育的纲领性文件，对劳动教育的基本问题予以规定，约制了学校、社会、家庭存在着的有偏向性的劳动教育观点，并引导其树立正确的劳动教育观念，为形成育人合力奠定了重要基础。国家发展意识对劳动教育观念在新时代的发展产生支配作用的同时，劳动教育本身也获得了在教育中的独立性地位，"人"的因素在国家对劳动教育问题的强调中更加鲜明，劳动教育观念获得了"自由"的发展，同时，也引发了全社会和广大人民群众的强烈共鸣，在全社会范围内和各级各类学校中形成了以育人为旨归的丰富的劳动教育观念及其实践。

国家发展意识是在为全体人民及其构成的共同体谋利益的基础上对如何谋利益问题形成的一种基本态度。基于共产主义社会最终要实现消除"三大差别"的理想，劳动教育在社会主义各发展阶段对国家发展目标的实现有着不可动摇的重要性。国家发展意识因社会发展阶段的变化而变化，劳动教育同各发展阶段国家发展总体情况之间的联系也随之发生变动，继而必须调整对劳动教育的认知，形成新的教育观念。

其一，国家发展意识对劳动教育观念演变进程起到了驱动作用，并在实现国家发展目标同劳动教育目标相统一的过程中，为劳动教育观念演变进程进行定位。这是由国家的性质和教育的性质所决定的。

其二，国家发展意识对劳动教育观念演变历程的支配作用主要通过建制和对认知的一定"迁移"及"类推"两种方式来实现。但是，随着我国教育科学化发展，国家发展意识给予劳动教育观念发展与演变以更大的空间，因为"政治—经济所能决定的也只是可能性、条件与限度，不是这些事情本身，也不是它们的全貌"❶。劳动教育本身作为一种教育活动有其自身的"逻辑"，国家教育的科学化发展、对劳动教育的科学研究等既给予有关劳动教育的认知不能超越一定的国家政治、经济、文化等背景的要求，又使得劳动教育观念摆脱了由发展观点直接派生的"危险"，获得了一定的"独立"发展空间。

其三，劳动教育观念演变的方向无疑同国家发展趋势和方向相一致，

---

❶ 陈桂生.教育原理(第3版)[M].上海:华东师范大学出版社,2012:116.

但是劳动教育观念本身在何种意义上同国家发展意识相吻合是不同的，例如，劳动教育同国家发展之间有着“服从”关系、“适应”关系或“满足”关系，对劳动教育的科学化研究、对劳动教育的认知方式等都能在较大程度上影响二者之间是否能更为科学地保持一致。劳动教育观念的演变进程受到了国家发展意识的支配，但是并不意味着劳动教育观念的演变是在诸方面完全“被决定”的产物。

（二）“亦常亦断”构成劳动教育观念演变的基本形态

“亦常亦断”是指既有“连续性”，又有“断裂性”（“非连续性”），是“不变”与“变”的问题。“连续性”与“断裂性”并存是改革开放以来国家劳动教育观念演变的基本形态，即观念之间既存在必然的联系，又显现出一些区别。概括地说，国家劳动教育观念演变的基本形态主要有两种，即“连续中有断裂”和“断裂中有连续”。

1.“连续中有断裂”

“连续中有断裂”的演变形态主要体现在以下两个方面。

其一，国家劳动教育观念的演变在整体上基本遵循了满足“教育中的劳动需求”和“生产中的教育需求”相统一的原则，但是各阶段劳动教育观念之构成观点存有差异，而这种差异性本身作为一种整体存在于各阶段观念本身由意识到生成的自我逻辑展开中。观念自我逻辑展开是观念之“骨”，随着自我逻辑的展开而形成的一系列观点是观念之“肉”，进而形成了观念本身之“形”。在此基础上才有观念之演变。观念的自我逻辑展开进路各有不同，随之形成的劳动教育观点有所区别，进而使得劳动教育观念在演变中呈现出一定的阶段性特征。国家劳动教育观念从意识到生成的自我逻辑展开的差异主要在于各社会发展阶段面临着教育领域和社会领域中的不同问题。

具体地说，1976—1978 年，为了纠正有关劳动教育的“左”倾观念，我国澄明“主学”与“兼学”相结合中的“主从关系”，并对“教育与生产劳动相结合”的马克思主义原则作出新阐释。1978 年以后，为使教育体制改革与社会主义经济建设对高级专门人才和劳动后备力量的迫切需求相适应，从“生产劳动”和“社会实践”的关系、“教育与运用和适当反映现代化科技成果的生产劳动相结合”两方面展开对劳动教育在思想道德层面和劳动技能层面培养工作的深入思考，提出进行劳动和社会实践教育，实施劳动技术课程，并将教育与运用和适当反映现代化科技成果的生产劳动相结合提高到农村建设和农业发展的高度，对农村劳动教育展开了深入研究。2000 年，劳动教育被正式纳入素质教育的轨道中，对劳动教育相关问题的认知受到全面提升学生的素质这一根本目的的统领，通过将劳动教育与技术教育相结合，纳入综合实践活动，综合培养学生的劳动素质。

最后，为切实解决劳动教育现状与培养全面发展的社会主义建设者和接班人之间尚存在差距的问题，党的十八大以来，我国以实现“立德树人”这一教育根本任务和目的为总纲，在习近平有关劳动和教育等问题的新时代阐释中寻到劳动教育发展依据和价值依托，聚焦劳动教育的育人实效问题，强调劳动教育在全面发展教育体系中的重要地位，主张大中小学必须开设劳动教育独立课程，改革对劳动教育基本问题的认知和劳动教育实践中一切不利于“立德树人”实现的因素并充分汲取以往劳动教育实践的经验教训，确立以“育人”为旨归的劳动教育观念。

其二，劳动教育在观念层面始终呈现为一种培养劳动价值观和劳动知能的育人活动。但是，国家劳动教育观念中对“人”作为劳动者在劳动世界中的存在状态的追求呈现出差别性。新时代将中国传统文化之“道”融入劳动技能的培养过程中，给人与劳动之间的情感体验以及对象化关系的建构注入丰厚的道德底蕴，体现出对由“技”入“道”的追求及其蕴含着的对“知行合一”的实践境界的提升。

中国传统文化思想中蕴含着由“技”入“道”的追求。《养生主》中，庖丁曰：“臣之所好者道也，近乎技矣。”《天地》中，庄子曰：“能有所艺者，技也。”“技兼于事，事兼于义，义兼于德，德兼于道，道兼于天。”[1] 庄子不否认“技”，“技”当“超越工具性的机械活动成为‘技艺’”，“而

[1] 庄子. 王先谦集解. 庄子[M]. 上海：上海古籍出版社，2009：31，113.

‘技艺’又必须以‘道’为最终根据”[1]。“技”入“道”是对人同事物之间的联系、身心与义理和规律之间关系等问题认知的自然发展过程，从对“外技于行”的重视发展为对“内道于神”的追求。

马克思用“劳动”这一名称既囊括了“具体劳动”和“抽象劳动”，又包括“技术意义上的劳动”和“经济意义上的劳动”[2]。不同意义上的劳动均有“技”的因素，“技”既包含在“人类劳动力在特殊的有一定目的的形式上的耗费”中，又包含于“人类劳动力在生理学意义上的耗费”中[3]；劳动始终作为一种对象化的活动在创造使用价值和价值中均涉及手对物体外在形态的作用。对自然物的形态合乎目的之加工和创造必然要涉及对劳动工具的“操作”，物品的使用价值和价值的实现、获取必须基于通过劳动力的耗损创造出的商品本身，同劳动动作的熟练性、复杂性、规范性、科学性等无法脱离。劳动本身和劳动对价值的创造直接同“技”有着重要的内在关联，劳动之技的培养是我国主张实施的全面发展的教育中的重要方面。“技”更是教育同生产劳动相结合贯彻劳动教育的应有之义。劳动动作的复杂性程度越高、目的性越强，“劳动本身经过一代又一代变得更加不同、更加完善和更加多方面了”[4]，生产方式和劳动工具的不断改进使“技”发生了演变，国家劳动教育观念中对“技”的重视和要求程度、对教育同劳动之“技”的结合深度等随之有着显著的变化。

改革开放以前，国家劳动教育观念中对“技”的强调有极强的对象性，“技”以能大体完成日常工农业生产劳动的基本操作和解决一些常规问题的“操作行为”为主要存在形式。改革开放后，劳动教育中的“技”随着国家发展意识向着以技术为基础的技能方向发展。在教育与运用和适当反映现代化科学技术成果的生产劳动相结合的过程中，“技”超越了简单操作性动作的存在方式，成为集现代化科学技术的基本知识和技能、文明生产的教

[1] 《中国哲学史》编写组. 中国哲学史(上册)[M]. 北京:人民出版社,2012:123.

[2] 人民出版社资料室. 马克思 恩格斯论翻译[M]. 北京:人民出版社,1978:8.

[3] 马克思. 资本论[M]//中共中央马克思恩格斯列宁斯大林著作编译局. 马克思恩格斯文集(第五卷). 北京:人民出版社,2009:60.

[4] 恩格斯. 劳动在从猿到人的转变中的作用[M]//中共中央马克思恩格斯列宁斯大林著作编译局. 马克思恩格斯文集(第九卷). 北京:人民出版社,2009:557.

育训练、一些工农业生产劳动的科学管理知识、科学的思维和创造能力于一体的技能。在新时代劳动教育观念中，劳动之“技”的培养未窄化为劳动技术的学习和劳动技能的训练，更要求劳动精神的融入及统领。柳夕浪在对《中共中央 国务院关于全面加强新时代大中小学劳动教育的意见》进行解读时明确强调了这一方面❶。在欣赏、传承、学习中国传统技艺，把握劳动及劳动技术的新样态，以及发展物化能力等实践过程中，必须要受社会主义劳动精神的统领并将其融入劳动的全过程中。

新时代国家劳动教育观念中，劳动技能水平同劳动精神面貌、劳动价值取向相统一，强调以“立人”之“道”——“立身修德”、行动之“道”——“知行合一”、劳动之“道”——“天人合一”贯穿其中，使劳动之“技”向劳动之“道”深度发展。首先，我国对劳动教育中“技”的重视体现在强调由自我服务性技能的养成到生产劳动技能的培养，将中华优秀传统文化中的“立身修德”融入其中，将从小培养立身的能力和进一步发展为社会服务的技能相统一，将对家庭、社会、集体的服务意识和责任感贯穿技能培养的全过程，实现以思想道德引领“技”的修养、以“技”立身修德。其次，以“知行合一”为基本原则，强调在劳动教育中要以知促行、以行促知，在工具的使用和相关技术的掌握中将手的动作、脑的思维和心中精神在“技”中契合并得到自然发展。最后，行之“技”必须要同知之“义理”和“规律”紧密结合，即劳动技能与对待劳动的精神态度和对待劳动及其价值的正确认知相结合，劳动技能的发展要符合人同自然和谐相处之“道”。我国道德实践的重要原则、中华文化中“天人合一的宇宙观”等被融入劳动教育之中，使学生在同自然相接触的劳动实践中，对人、社会、自然之间存在着的整体内在关联有着切身的体验和清晰的认知，以“在认识世界的基础上”，“学会建设世界”，“塑造自己”❷，体现了对劳动实践境界的高度追求。

---

❶ 柳夕浪. 构建完整体系 解决突出问题——《中共中央 国务院关于全面加强新时代大中小学劳动教育的意见》解读[J]. 中国德育，2020(7)：7-10.

❷ 把新时代大中小学劳动教育落到实处——教育部教材局负责人就《大中小学劳动教育指导纲要（试行）》答记者问[EB/OL]. 教育部网站：http://www.moe.gov.cn/jyb_xwfb/s271/202007/t20200715_472807.html，2020-07-15.

随着现代化科学技术的发展，劳动教育中传统形态和现代新形态劳动相互交织，劳动技能中蕴含着的传统工艺、现代技术的发展程度、劳动技能的水平理应得到自然的发展。“技”不入“道”，只练技不修德，技、德两亏。由“技”入“道”，“技”“道”两进，这样才能实现人的全面发展和实现中华民族的伟大复兴。新时代劳动教育讲求劳动价值观统领劳动能力的培养，在一定程度上揭示了人、社会和国家发展之“道”。

2. “断裂中有连续”

“断裂中有连续”的演变形态主要体现在以下两个方面。

其一，不论国家劳动教育观念在演变中发生了何种“断裂”，国家劳动教育观念中始终坚守三重“劳动价值”，这三重“劳动价值”随时代和社会发展有其自身的稳定性和持久性。高瑞泉在对“劳动”作出的历史分析中指出，“劳动”并非“理解古代思想世界的关键词”，“古代社会上不具有现代人具有的‘劳动’概念”，“劳动”更没有上升到一种具有清晰的边界和相对确定的结构的思想的概念。在中国，现在通用的“劳动”一词是19世纪、20世纪之交根据日本用古代汉语中该词语对西语labour的翻译改造而来，“劳动”成为社会学、政治学、经济学、政治经济学、哲学的重要概念之一[1]。“劳动”概念在中国共产党领导的中国革命实践中获得了三重内涵，在苏维埃地区的学校教育相关制度的表述中就有所体现：“劳动”作为马克思主义哲学中的概念是“人类特有的基本的社会实践活动”[2]；同“劳作”和“干活”等日常领域中劳动力使用的实践活动相等同[3]；指向知识分子同工农群众之间关系的具体和抽象意义上的“体力劳动”和“脑力劳动”。在此基础上，“劳动”具有三重价值意蕴：坚持教育的社会主义方向和为社会主义建设事业培养全面发展的人；实现个体和社会的价值创造；与广大劳动人民保持紧密关系和深切情感。使“劳动”在抽象意义上和具体意义上的内涵和价值通过劳动教育被进一步客观化和普及化以实现人和社会的共

[1] 高瑞泉.“劳动”：可作历史分析的观念[J].探索与争鸣，2015(8)：26-28.

[2] 同[1].

[3] 胡一峰.“从猿到人”：马克思主义经典文本传播的一个范例[J].党的文献，2012(1)：123-125.

同发展，贯穿于各阶段劳动教育观念之中。

新中国成立以后，我国将“劳动”不断写入政策文件中，例如，将“爱劳动”写入《共同纲领》，将“劳动”的相关问题纳入宪法中，使“劳动”以教育方针、守则、规范等形式保障其在教育领域中的重要位置，并据此将有关劳动的官方意识形态下的正统解释不断内化为一种社会心理，发展为一种社会风气。劳动教育观念的构建正是致力于以促进个体的全面发展为基础，实现“劳动”价值意蕴的社会心理化和客观化，进一步促进国家和社会的发展。新中国成立初期，在全国范围内掀起了唯物史观和社会发展史教育，对劳动的理解和赞颂在唯物史观和社会发展史宣教活动中被进一步科学理论化，并广泛普及为一种大众化认知。马克思主义经典文本也在全国范围内得到了进一步传播，使“劳动”的内涵和价值在对“劳动创造人、劳动创造世界”的马克思主义劳动观和劳动价值观的解释和传播过程中广泛地实现劳动观和劳动价值观的官方解释向社会大众、劳动人民的理解和观点“迁移”。国家不再以简单的“劳心者治人、劳力者治于人”的口号实现对剥削阶级社会存在着的“劳心”与“劳力”对立矛盾的劳动观和劳动价值观进行言语上的“鞭挞”，而是“以马列主义的历史唯物主义理论、社会发展规律的科学知识作为基础”来阐明反对、肃清有关劳动的旧观念的“合理性”[1]，从而更有利于树立正确的劳动观和劳动价值观。这也解释了新中国成立以后我国在对学校劳动教育问题的阐述中为何逐渐放弃了“口号”式的劳动观、劳动价值观的表述以及对相应问题的阐述，转而在教育与劳动的关系、劳动教育基本问题、劳动教育与社会领域的活动之间关系的论述中都包含着通过劳动为社会主义建设培养人、个体和社会的价值创造以及走与广大工农群众相结合的道路的三重意蕴。

具体地说，改革开放以来，我国结合社会主义不同发展阶段强调的不同领域中的具体劳动类型，从倡导运用现代化科学技术的劳动及其价值发展为聚焦涉及生产性劳动和非生产性劳动的三大劳动类型及其价值，不断坚持“劳动”在社会主义教育中的基础地位和保障教育的社会主义方向，实现抽象意义和具体意义的“劳动”同人的全面发展、国家和社会的发展

[1] 艾思奇. 再评关于社会发展问题的非历史观点[N]. 人民日报,1949-10-17(5).

之间理想关系的建构。不同社会发展阶段的劳动教育观念主要以马克思主义劳动观和劳动价值观为基础结合中国具体实际，使劳动教育中的“劳动”永葆马克思主义的底色，在丰厚的马克思主义理论底蕴和理论底气下，将“劳动”及其价值同广大人民群众在日常行业领域中各种类型的“劳动”和学生的日常“劳动”进行“勾连”，并在其过程中注意凸显“体力劳动”在革命战争时期就被赋予的阶级属性在社会阶层阶级关系构建上的重要位置和作用，且融入中华民族优良传统的内容，将劳动的三重价值意蕴通过教育与劳动的充分结合予以实现。“劳动”的三重价值对劳动教育的融入呈现出我国劳动教育观念的内在根本精神具有相对稳定性。

其二，国家劳动教育观念在演变中的三重“断裂”从根本上体现了对劳动教育同发展之间关系的认知具有“非连续性”，但是，国家在解决劳动教育同发展之间的“矛盾”，应对发展问题对劳动教育的“规定”和“制约”时，以调整教育中“人”的因素为主要方式。作为受教育的主体和劳动活动的实践主体，学生是一个个具体的“人”，而“人”的因素的关键点在于“人的社会的质、属性和能力”❶。

根据马克思主义的观点，人的特质和属性体现在人的生命活动之中，即人是以劳动作为生命活动和生命表现的主要形式的有意识的类存在物，人的特质和属性在劳动力被耗损的过程中得以实现的同时，人自由发展自我的能力也被生产着。人产生自由发展的能力就是“在精神上使自己二重化”，“能动地、现实地使自己二重化”，即对自身蕴藏着的潜力的有控制的发挥实现了对客观世界的改造和对人本身作为一种活动对象的改造。蕴含在自然力发挥中和诸如使人的意志服从于劳动目的的精神活动中的能力就是“人”成之为“人”的重要因素。在劳动教育中，国家始终强调学生自身的自然力的保护和使自然力发挥涉及的知识、情感、意识等方面的发展，将其作为对劳动教育的本质之规定和内在要求，既以此避免劳动教育同发展之间关系出现的偏向，又以此规范劳动教育与发展之间的“需要”和“可能性”的关系。

国家将劳动教育中“人的社会的质、属性和能力”问题先后概括为

❶ 雷尧珠，王佩雄. 教育与人的发展[M]. 北京：人民教育出版社，1989：90.

"思想道德、基本知识和技能"两方面，以及"劳动精神面貌、劳动价值取向、劳动技能水平"三方面，同马克思主张的"人"的发展要素基本一致。我国将"人"的因素作为劳动教育与发展相统合涉及的其他要素的连接点，把科学技术因素、政治因素、经济因素、文化因素等统筹协调并组织到"人"的因素之中，将劳动教育中对"人的社会的质、属性和能力"几个方面的培养与教育同发展之间的多重关系相吻合，利用劳动来塑造、培养符合社会发展和建设需要的具有一定属性的社会身份及与之相吻合的能力，把社会基本政治、经济制度的相关内容以及教育科学涉及的有利于人的发展的要素融入对劳动教育有关价值观和知能培养的规定中去，力图在人的全面发展的基础上利用社会主义思想道德和能力建设社会主义社会，从而努力实现劳动教育与发展之间的良性互动关系。

从某种程度上而言，国家利用劳动教育中"人的社会的质、属性和能力"的培养来应对和解决劳动教育与发展之间的"问题"。在此过程中，总体上看，"人"的因素在国家劳动教育观念演变中并未出现过完全意义上的"缺失"。由于国家在教育与发展关系中对教育同"环境"之间"适应化""能动地改造"等关系的判断产生了人才培养同政治、经济建设和发展等之间的多样态观点，导致了"人"的因素或隐或明地呈现在劳动教育观念及其演变之中。培养具有社会主义思想道德和建设能力的人既是劳动教育观念演变中对劳动教育育人本质的认知体现，又是国家统筹安排教育同发展之间关系涉及的"人"的因素。但是，不可否认，"发展"对教育在一定程度上的制约的确影响了"人"的因素在劳动教育观念中被重视和实现的"程度"。

（三）观念的力量及其实现制约着劳动教育观念演变的效用

高瑞泉在哲学观念史研究中曾深入探讨过章太炎提出的"因政教则成风俗、因风俗则成心理"的观念变革过程，当观念从社会政治法律制度逐步积淀为社会心理之时，观念就在社会生活的整体中"体现了某种价值的有效性”，获得了改变世界的力量❶。由智力对移入外物的构想而形成的观念有其自身的力量。教育观念的力量正是对教育实践发挥着的指导或规范意义，促进教育的育人价值的发挥就是观念力量的有效实现。

上文曾提及劳动教育观念本身要在一定的理论和实践依据中寻到对客观现实问题回应的科学性、合理性，以此保证形成的观念具有一定“施事力”，而劳动教育观念的“施事力”具体是指劳动教育观念本身当具有实践指向性和实践指导性，以使劳动教育观念获得现实的力量。换言之，劳动教育观念的力量在于对现实的驱动，劳动教育观念之所以演变，其根本诉求就在于更好地发挥现实驱动力。从对各阶段劳动教育观念演变的基本情况的研究可知，劳动教育观念的力量主要体现在观念本身与劳动教育实践的互动中，观念的演变究竟发挥何种效用则受到了观念本身力量及其实现的制约。

1978 年后，随着党和国家工作重心的转移，国家劳动教育观念在肯定了“主学”与“兼学”相结合之根本精神的基础上，随着教育与社会主义经济建设相适应的过程发生着变化。至 2012 年，国家劳动教育观念同学校劳动教育实践之间的关系主要是劳动教育观念先于劳动教育实践。国家对劳动教育实践的关切首先体现为全力、全面推进劳动教育在学校教育实践中“落地生根”，着重阐述思想政治教育、文化知识和技能教育与劳动教育之间密不可分的关系及其与贯彻党的教育方针、实现教育目的之间的关系。但是在国家对中小学劳动教育进行课程建设、出台一系列指导文件的同时，学校劳动教育实践在相当一些地区和学校停滞不前，一部分原因是实施劳动教育的客观条件不足，“更多的还是有关领导干部的指导思想没有端正过来”，“被片面追求升学率的绳索束缚了自己的手脚”，担心劳动教育占时间、乱秩序或“怕学生或学生家长有意见”等❷。学校劳动教育实施的总体情况不容乐观。20 世纪 80 年代初，在上海市教育局组织召开的劳动教育座谈会上，参会的同志反映，当前学生的劳动情况与以前尚有不少差距❸。

---

❶ 高瑞泉. 平等观念史论略[M]. 上海:上海人民出版社,2018:39.

❷ 编者. 切实加强劳动教育[J]. 人民教育,1984(6):16.

❸ 上海市教育局. 要重视学生的劳动教育[J]. 人民教育,1981(6):33-34.

以北京市劳动教育的情况为例。1987 年，北京市教育部门规定“普通中学要逐步开设劳动技术课”[1]，同年，“北京市只有三分之一左右的学校开展了劳动教育”[2]，到 1996 年，北京市建立起了市、区（县）劳动课的教研网络[3]。1992 年，《九年义务教育小学劳动课教学大纲审查说明》指出，相较于其他学科，我国小学劳动课在教学方法上、在对教学的评价和测量手段上、在考察方法上等都还不完善，只处于探索阶段，“再加上受师资、场地、设备、经费等外部条件的制约”，大纲要求总体上还不高，许多地方在执行大纲时可能仍感到有一定的困难[4]。1995 年 12 月，国家教委基础教育司召开的全国普通中学劳动技术教育、职业指导研讨会指出，已有十年发展的劳动技术教育仍是“普通中学教育中的一个较为薄弱的环节”，教育行政主管部门和学校对其尚存一些认识问题，其切实落实仍是一个重要问题[5]。思想观念上的障碍和外部客观条件有限导致了劳动教育实践难以同国家劳动教育观念的发展保持相同的前进步伐。2000 年前后，国家将劳动教育纳入素质教育之中，强调以科学思维、创新意识和实践能力的培养为根本抓手指导劳动教育实践，全面提升学生的素质，对劳动教育实践提出了更高的要求。由于学校的“应试主义”思想未得到根本的纠正，劳动教育实践现状滞后，再加上国家未对劳动教育并入综合实践活动带来的劳动教育地位的变化予以特别的强调并未对相关具体问题开展进一步研究、解释，劳动教育在学校教育实践中“可有可无”，同时，劳动教育发生了被简化为劳动技能训练的倾向。

随着“中国特色社会主义进入了新时代”，站在新的发展方位上，国家劳动教育观念在对自身的构建过程中重点聚焦劳动教育的实效性问题，始

---

[1] 北京市教育部门规定普通中学要逐步开设劳动技术课[J]. 职业教育研究，1987(3)：1.

[2] 王娜梅. 中小学生大多轻视体力劳动[N]. 人民日报，1988-12-02(3).

[3] 北京市进一步加强与改进小学劳动学科教学的意见[J]. 北京教育，1996(9)：20-22.

[4] 党好政. 九年义务教育小学劳动课教学大纲审查说明[J]. 学科教育，1992(5)：48-51.

[5] 国家教委基础教育司. 全国普通中学劳动技术教育、职业指导研讨会会议纪要[J]. 学科教育，1996(2)：1-4.

终围绕着实现“立德树人”的教育根本任务，同劳动教育实践之间形成了良好的、积极的互动关系。一是新时代国家劳动教育观念充分汲取了以往劳动教育实践中形成的经验和教训，尤为注意避免出现“有劳无教”和“有教无劳”的情况，讲求“教育性”和“实践性”统一于劳动教育实践中，借鉴以往劳动教育实践方式并拓宽劳动教育渠道，在以往对家、校、社会三方联动的劳动育人机制继承的基础上进一步落实相关措施，以更好地开展新时代劳动教育。二是国家全面聚焦劳动教育实践的实效性问题，科学地阐明和规定劳动教育的功能定位、目标要求等基本问题，对劳动教育作出顶层设计和部署，使劳动教育实践的展开有机制、有抓手，从明确思想认识到规定实践原则和措施两方面保证劳动教育在实践过程中认识到位和行动到位，科学地、全面地保障以育人为旨归的劳动教育观念在实践中落实得更实、更细。同时，新时代以育人为旨归的学校劳动教育实践进入了探索创新、深入发展的新阶段，注意以教育科研带动教育实践的新发展，探索、打造“全劳动教育”模式、“新劳动教育”模式等，各地劳动教育实践结成丰硕成果。“各方面对劳动的育人价值已形成一定的共识，学生、教师、家长积极支持劳动教育的氛围正在形成❶。”

劳动教育观念的力量及其在各阶段的演变中究竟对劳动教育实践发挥了多少影响力和指导力无法通过理性思辨的方式来予以确证，但是通过将劳动教育观念与特定时期的劳动教育实践的一些情况相联系，无疑通过二者的互动一定程度上揭示了观念与实践之间的距离，展现出观念本身的力量和在实践中的实现情况。概括地说，国家劳动教育观念同劳动教育实践之间的关系呈现出四种模式。一是劳动教育观念自身有一定薄弱性，未能及时关注和解决劳动教育实践及其问题，不能系统地、有效地指导劳动教育实践。二是劳动教育观念同劳动教育实践相脱离，其根本精神在劳动教育实践中被曲解，劳动教育实践发生偏向。三是劳动教育观念较之于劳动教育实践有一定的“超前”，劳动教育实践对劳动教育观念的落实“有限”。四是劳动教育观念予以劳动教育实践足够的指导，纠正劳动教育实践中的

---

❶ 介绍“十三五”期间加强体育、美育、劳动教育有关情况[EB/OL].教育部网站:http://www.moe.gov.cn/fbh/live/2020/52806/,2020-12-14.

偏向，并能从劳动教育实践中汲取经验教训使自身得到调整和进一步发展，有力地不断引领实践的发展。可见，特定阶段构建起的劳动教育观念并非是“一劳永逸”的，劳动教育观念的演变也是劳动教育实践发展的内在要求。国家劳动教育观念力量的实现是“有限度”的，这种“限度”一方面体现在劳动教育观念本身的构建上，另一方面，体现在学校劳动教育实践本身，即必须对劳动教育予以极大的重视，对劳动教育实践有着更切实的指导，学校对劳动教育的重视程度和对国家相关指示的落实程度对观念力量的实现颇为重要。

需要特别指出的是，从观念到实践落实是一个需要多部门联合协作的复杂过程，任何“环节”出现了问题，观念都难以得到切实的落实，容易走样，其中地方政府的一些行政部门对国家劳动教育观念的正确理解和科学部署尤为重要。观念本身力量的实现受制于多方面的因素。这也进一步反映了正确理解和科学把握国家劳动教育观念之重要性。

第三节　结　语

劳动教育观念实质上是对特定历史时期教育现实问题和时代精神的一种回应和表达。劳动教育观念的演变并非完全是劳动教育概念的理性思辨的产物，还是在国家建设和发展全局下不断地将每个时代特有的精神融入教育与劳动的过程中对现实问题予以关照的结果。改革开放以来，国家劳动教育观念在新的“存在”，新的思考，以及以往的思想观念、经验教训三者之间的张力和相互作用下产生着“变”与“不变”的交织。国家劳动教育观念在演变的过程中进行着“新陈代谢”，呈现出一种“常新”的过程，而非“自我否定”的过程。

这种观念上的“常新”体现在对劳动教育之内和之外因素的认知和处理上，即对人的发展和社会发展的统合。“人”始终处于教育与社会相联系的重合点处，“由于在学校和社会之间存在一个圆环，每一项都产生另一项，所以施加于两种中之一项的任何改变性的干预，都趋于在另一项上引起改变”[1]。“人”的因素和“社会”因素如何在劳动教育中被组织起来以实现劳动的育人价值和满足社会发展相统合，是劳动教育观念形成和演变的关键。换言之，在劳动教育中，我国将“人”的因素和“社会”因素以不同的方式进行多重结合来满足社会发展对教育提出的新要求和教育自身的发展要求。

在改革开放和社会主义现代化建设新时期，国家确立了教育在社会主义现代化建设中的重要战略地位，强调其对社会主义现代化建设的主动适应性，在结合社会主义现代化建设实际需要的同时，注重对劳动教育之内部发展需求进行关照和满足，使劳动教育在外部要求和诸因素的影响下寻到科学发展的重要方向，实现劳动教育培养的人具备社会主义现代化建设要求的思想道德和知识技能水平，进而发挥人力资源优势服务于经济和社会的发展。随着“中国特色社会主义进入新时代”，社会生产力发展水平得到明显提升，国家充分汲取了以往实践经验、教训，国家劳动教育观念的演变在解决教育和社会的“不平衡不充分”发展的过程中显现出以“人”的因素为本统合“社会”因素的趋势，充分辨明、去除一切不利于人的发展的外部因素，立足于内生性视角，切实实现劳动教育对全面发展的人的培养，从根本上使得人的发展和社会主义现代化强国的全面建设获得更多的活力和凝聚力。可见，国家劳动教育观念的演变是寻求劳动教育之内部、外部因素获得动态平衡和人与社会发展相统一的过程。新时代“育人为本”的劳动教育观念的形成正是国家对劳动教育深入研究，对教育、人和社会发展之间内在规律深入认识的重要成果。

对国家劳动教育观念演变的研究是更好地认识劳动教育、理解和反思国家在劳动教育问题上的态度和观点的重要途径。劳动教育作为我国社会主义教育的重要组成部分，是贯彻党的教育方针、培养全面发展的社会主义新一代必须长期坚持的教育活动。实现育人和解决现实问题相统一是国家有关劳动教育认知的基本思维原则，也是国家主张实施劳动教育的初心所在。只有实现二者的真正统一，才能培养出身心全面发展的个体，切实

[1] 埃德加·莫兰. 复杂性理论与教育问题[M]. 陈一壮，译. 北京：北京大学出版社，2004：186.

发挥劳动教育的社会功能。必须要围绕育人性和适应性两个方面，将提高劳动教育的育人实效和增强劳动教育对经济社会发展的需要共同统一于对劳动教育的认知中。同时，国家在对劳动教育“是什么”“该如何”等问题的认知之中，当不断破解其他观念主体对劳动教育存在的认知“误区”，在观念建构过程中注意观念本身的实践性和指导性，这样才能在与实践的良好互动中使观念更好地服务于实践的需要。

需要着重提出的是，观念要同“国情”紧密结合，避免出现观念时代误置的问题，以能更加客观地描述和分析观念本身。不能以现有劳动教育观念的“高度”来认识、评价以往的劳动教育观念，必须要认识到观念作为理性思维的产物总是从一种阶段向另一阶段发展，不断趋向于对劳动教育本质的认识。认识运动的不断反复和无限的发展才是观念演变的“真相”。

国家劳动教育观念在由理论、科学、意义和情感共同构成的矢量中充分体现了党和国家对培养社会主义合格建设者和接班人的教育工作的重视及深入探索，展现了党和国家站在马克思主义坚定立场上，在克服社会主义建设事业的重重困难和完成艰巨任务的过程中，不断焕活马克思主义劳动观和劳动价值观，将中国共产党对广大人民群众的深切感情和对劳动人民淳朴勤劳的优良传统的继承、推崇充分融入伟大教育事业中，在开展具有中国特色的劳动教育过程中努力实现马克思主义人的全面发展的美好理想，共创美好生活。

劳动教育观念是一个宽广的概念，并且是一个有待继续深入探究的领域。本书对劳动教育观念演变的研究，尚有个别地方有待进一步拓宽，例如，深入研究劳动教育观念的力量及其实现问题。国家劳动教育观念的力量既在于概念构成的理性成分，深入地认识劳动教育本身和改善劳动教育实践，又在于观念构成的情感、意志、信念、信仰等部分，即通过劳动不断塑造人的思想道德和情感以及塑造每个时代的社会关系。国家劳动教育观念的力量集中体现于与劳动教育实践之间的互动，但不独于此，应建立多维理论分析框架更进一步探寻劳动教育观念的力量及其实现问题。

参考文献

中文文献：

专著：

[1] 阿格妮丝·赫勒. 日常生活[M]. 衣俊卿,译. 重庆:重庆出版社,1990.

[2] 阿瑟·洛夫乔伊. 观念史论文集[M]. 吴相,译. 南京:江苏教育出版社,2005.

[3] 埃德加·莫兰. 复杂性理论与教育问题[M]. 陈一壮,译. 北京:北京大学出版社,2004.

[4] 曹孚. 劳动教育问题[M]. 武汉:湖北人民出版社,1955.

[5] 陈桂生. 现代中国的教育魂——毛泽东与现代中国教育[M]. 沈阳:辽宁教育出版社,1993.

[6] 陈桂生. 教育原理(第3版)[M]. 上海:华东师范大学出版社,2012.

[7] 大河内一男,海后宗臣. 教育学的理论问题[M]. 曲程,迟凤年,译. 北京:教育科学出版社,1984.

[8] 邓小平. 邓小平文选(第二卷)[M]. 北京:人民出版社,1994.

[9] 丁耘. 什么是思想史[M]. 上海:上海人民出版社,2006.
[10] 国家教育发展研究中心. 发达国家教育改革的动向和趋势(第5集)[M]. 北京:人民教育出版社,1994.
[11] 国家教育发展研究中心. 发达国家教育改革的动向和趋势(第6集)[M]. 北京:人民教育出版社,1998.
[12] 国家教育委员会农村教育综合改革(燎原计划)办公室. 坚实的步伐——农村教育综合改革和燎原计划历次重要会议文献选编[M]. 北京:教育科学出版社,1993.
[13] 顾明远. 素质教育的理论探讨[M]. 中国和平出版社,1996.
[14] 谷牧. 谷牧回忆录[M]. 北京:中央文献出版社,2009.
[15] 高瑞泉. 平等观念史论略[M]. 上海:上海人民出版社,2011.
[16] 华东师范大学《列宁教育文集》编辑组. 列宁教育文集(上卷)[M]. 北京:人民教育出版社,1984.
[17] 汉娜·阿伦特. 人的境况[M]. 王寅丽,译. 上海:上海人民出版社,2009.
[18] 何东昌. 中华人民共和国重要教育文献(1949—1975)[M]. 海口:海南出版社,1998.
[19] 何东昌. 中华人民共和国重要教育文献(1976—1990)[M]. 海口:海南出版社,1997.
[20] 何东昌. 中华人民共和国重要教育文献(1991—1997)[M]. 海口:海南出版社,1998.
[21] 何东昌. 中华人民共和国重要教育文献(1998—2002)[M]. 海口:海南出版社,2003.
[22] 何东昌. 中华人民共和国重要教育文献(2003—2008)[M]. 北京:新世界出版社,2010.
[23] 胡乔木. 胡乔木文集(第二卷)[M]. 北京:人民出版社,2012.
[24] 胡锦涛. 胡锦涛文选(第二卷)[M]. 北京:人民出版社,2016.
[25] 胡锦涛. 胡锦涛文选(第三卷)[M]. 北京:人民出版社,2016.
[26] 亨利·列斐伏尔. 日常生活批判(第1卷)[M]. 叶齐茂,倪晓辉,译. 北京:社会科学文献出版社,2018.

[27] 亨利·列斐伏尔. 日常生活批判(第 2 卷)[M]. 叶齐茂,倪晓辉,译. 北京:社会科学文献出版社,2018.

[28] 教育科学“七五”国家教委级重点研究项目“中小学劳动教育研究”课题组. 中国中小学劳动技术教育(1982—1988)[M]. 南京:江苏少年儿童出版社,1990.

[29] 江泽民. 江泽民文选(第三卷)[M]. 北京:人民出版社,2006.

[30] 教育部课题组. 深入学习习近平关于教育的重要论述[M]. 北京:人民出版社,2019.

[31] 夸美纽斯. 大教学论[M]. 傅敢任,译. 北京:教育科学出版社,2014.

[32] 刘世峰. 中小学劳动技术教育[M]. 北京:人民教育出版社,1987.

[33] 雷尧珠,王佩雄. 教育与人的发展[M]. 北京:人民教育出版社,1989.

[34] 罗洛. 毛泽东思想研究大系——文化卷[M]. 上海:上海人民出版社,1993.

[35] 联合国教科文组织国际教育发展委员会. 华东师范大学比较教育研究所,译. 学会生存——教育世界的今天和明天[M]. 北京:中国人事出版社,1996.

[36] 教育部基础教育司. 走进新课程——与课程实施者对话[M]. 北京:北京师范大学出版社,2002.

[37] 联合国教科文组织. 教育——财富蕴藏其中:国际 21 世纪教育委员会报告[M]. 联合国教科文组织总部中文科,译. 北京:教育科学出版社,1996.

[38] 柳斌. 柳斌谈素质教育[M]. 北京:北京师范大学出版社,1999.

[39] 李岚清. 李岚清教育访谈录[M]. 北京:人民教育出版社,2004.

[40] 联合国教科文组织. 反思教育:向“全球共同利益”的理念转变[M]. 联合国教科文组织总部中文科,译. 北京:教育科学出版社,2017.

[41] 陆学艺. 当代中国社会流动[M]. 北京:社会科学文献出版社,2018

[42] 陆学艺. 当代中国社会阶层[M]. 北京:社会科学文献出版社,2018.

[43] 刘向兵. 新时代高校劳动教育论纲[M]. 北京:社会科学文献出版社,2019.

[44] 列奥·施特劳斯. 什么是政治哲学[M]. 李世祥,译. 北京:华夏出版社,2019.

[45] 毛泽东. 毛泽东选集(第一卷)[M]. 北京:人民出版社,1991.
[46] 裴斯泰洛齐. 裴斯泰洛齐教育论著选[M]. 夏之莲,等译. 北京:人民教育出版社,1992.
[47] 瞿葆奎. 教育与教育学[M]. 北京:人民教育出版社,1993.
[48] 曲青山,吴德刚. 改革开放四十年口述史[M]. 北京:中国人民大学出版社,2019.
[49] 人民出版社资料室. 马克思恩格斯论翻译[M]. 北京:人民出版社,1978.
[50] 让-雅克·卢梭. 爱弥儿(上)[M]. 叶红婷,译. 北京:台海出版社,2016.
[51] 陕西师范大学教育科学研究所. 刘泽如教育文选[M]. 西安:陕西师范大学出版社,1993.
[52] 苏渭昌. 中国教育思想通史[M]. 长沙:湖南教育出版社,1994.
[53] 素质教育调研组. 共同的关注——素质教育系统调研(续)[M]. 北京:教育科学出版社,2006.
[54] 孙海林,文小妮,黄露生. 毛泽东早期教育与实践概论[M]. 长沙:中南大学出版社,2008.
[55] 滕纯. 邓小平教育思想研究[M]. 沈阳:辽宁人民出版社,1992.
[56] 武衡,谈天民,戴永增. 徐特立文存(第五卷)[M]. 广州:广东教育出版社,1995.
[57] 万里. 万里文选[M]. 北京:人民出版社,1995.
[58] 吴式颖. 马卡连柯教育文集(上卷)[M]. 北京:人民教育出版社,2004.
[59] 吴式颖. 马卡连柯教育文集(下卷)[M]. 北京:人民教育出版社,2004.
[60] 习近平. 习近平谈治国理政(第二卷)[M]. 北京:外文出版社,2017.
[61] 刘国正. 叶圣陶教育文集(第一卷)[M]. 北京:人民教育出版社,1994.
[62] 约翰·罗尔斯. 正义论[M]. 何包钢,何怀宏,廖申白,译. 北京:中国社会科学出版社,1999.
[63] 以赛亚·柏林. 观念的力量[M]. 胡自信,魏钊凌,译. 南京:译林出版社,2019.
[64] 中共中央文献研究室. 十一届三中全会以来重要文献选读(上册). 北京:人民出版社,1987.
[65] 中共中央文献研究室. 十一届三中全会以来重要文献选读(下册). 北京:人民出版社,1987.

[66] 中国逻辑史研究会资料编选组. 中国逻辑史资料选・现代卷[M]. 兰州:甘肃人民出版社,1991.

[67] 周平,钟灏. 邓小平教育思想概述[M]. 北京:人民教育出版社,1992.

[68] 张健. 毛泽东教育思想研究[M]. 杭州:浙江教育出版社,1993.

[69] 中国社会科学院社会学所"当代中国青年价值观念演变"课题组. 中国青年大透视——关于一代人的价值观演变研究[M]. 北京:北京出版社,1993.

[70] 中共中央文献研究室. 建国以来毛泽东文稿(第十册)[M]. 北京:中央文献出版社,1996.

[71] 中共中央文献研究室. 十四大以来重要文献选编(上)[M]. 北京:人民出版社,1996.

[72] 中共中央文献研究室. 十五大以来重要文献选编(上)[M]. 北京:人民出版社,2000.

[73] 张承先. 张承先教育文选(1979—1995)[M]. 保定:河北大学出版社,1996.

[74] 张承先. 张承先回忆录——我亲历的党的宣传和教育工作[M]. 北京:人民教育出版社,2002.

[75] 张世英. 哲学导论[M]. 北京:北京大学出版社,2002.

[76] 赵中建. 全球教育发展的历史轨迹——联合国教科文组织国际教育大会建议书专集[M]. 北京:教育科学出版社,2005.

[77] 中共中央马克思恩格斯列宁斯大林著作编译局. 马克思恩格斯文集(第一卷)[M]. 北京:人民出版社,2009.

[78] 中共中央马克思恩格斯列宁斯大林著作编译局. 马克思恩格斯文集(第二卷)[M]. 北京:人民出版社,2009.

[79] 中共中央马克思恩格斯列宁斯大林著作编译局. 马克思恩格斯文集(第三卷)[M]. 北京:人民出版社,2009.

[80] 中共中央马克思恩格斯列宁斯大林著作编译局. 马克思恩格斯文集(第五卷)[M]. 北京:人民出版社,2009.

[81] 中共中央马克思恩格斯列宁斯大林著作编译局. 马克思恩格斯文集(第八卷)[M]. 北京:人民出版社,2009.

[82] 中共中央马克思恩格斯列宁斯大林著作编译局.马克思恩格斯文集(第九卷)[M].北京:人民出版社,2009.
[83] 王先谦.庄子[M].上海:上海古籍出版社,2009.
[84] 《中国哲学史》编写组.中国哲学史(上册)[M].北京:人民出版社,2012.
[85] 中共中央文献研究室.十八大以来重要文献选编(上)[M].北京:中央文献出版社,2014.
[86] 中共中央文献研究室.十八大以来重要文献选编(中)[M].北京:中央文献出版社,2016.
[87] 中共中央文献研究室.习近平关于青少年和青年团工作论述摘编[M].北京:中央文献出版社,2017.

期刊论文:

[1] 编者.切实加强劳动教育[J].人民教育,1984(6):16.
[2] 北京市教育部门规定普通中学要逐步开设劳动技术课[J].职业教育研究,1987(3):1.
[3] 北京市进一步加强与改进小学劳动学科教学的意见[J].北京教育,1996(9):20-22.
[4] 陈静,黄忠敬.从“体力教育”到“能力教育”——我国劳动教育政策的发展与变迁[J].中国德育,2015(16):33-38.
[5] 陈理宣,刘炎欣.劳动教育与德智体美教育的基础关联和价值彰显[J].中国教育学刊,2017(11):65-68.
[6] 程从柱.劳动教育何以促进人的自由全面发展——基于马克思主义劳动观和人的发展观的考察[J].南京师大学报(社会科学版),2020(3):16-26.
[7] 党好政.九年义务教育小学劳动课教学大纲审查说明[J].学科教育,1992(5):48-51.
[8] 丁沅.坚持和发展毛泽东教育与生产劳动相结合的思想[J].南京师大学报,1993(4):9-15.

[9] 杜作润. 劳动教育——这是一个值得思考的问题[J]. 现代大学教育,2016(3):29-33.

[10] 傅朝鼎. 毛泽东教育本质论的现实意义[J]. 毛泽东思想研究,2005(4):69-71.

[11] 国务院批转教育部、国家劳动总局关于中等教育结构改革的报告[J]. 中华人民共和国国务院公报,1980(16):491-496.

[12] 关于制定和实验中学德育大纲的问题——国家教委副主任彭佩云同志在中学德育大纲研讨会上的讲话(摘要)[J]. 中学政治课教学,1986(12):2-6.

[13] 国家教委基础教育司. 全国普通中学劳动技术教育、职业指导研讨会会议纪要[J]. 学科教育,1996(2):1-4.

[14] 国家教育委员会. 关于加强普通中学劳动技术教育的意见[J]. 学科教育,1996(7):8-9.

[15] 国家教委基础教育司. 全国普通中学劳动技术教育、职业指导研讨会会议纪要[J]. 学科教育,1996(2):1-3+4.

[16] 高瑞泉. 观念史何为?[J]. 华东师范大学学报(哲学社会科学版),2011(2):1-10+152.

[17] 高瑞泉. "劳动":可作历史分析的观念[J]. 探索与争鸣,2015(8):26-28.

[18] 顾明远. 新时代教育发展的指导思想——学习习近平总书记在全国教育大会上的讲话[J]. 中国教育学刊,2018(10):3.

[19] 高杭. 更加注重教育改革的系统性、整体性、协同性[J]. 中国高等教育,2019(Z3):58-60.

[20] 胡尔钢. 试论马克思教育与生产劳动相结合学说的立足点[J]. 福建师大学报(哲学社会科学版),1982(3):127-133.

[21] 贺哲. 自由劳动关系与劳动教育价值取向阐释[J]. 求索,2009(8):113-114,146.

[22] 胡一峰. "从猿到人":马克思主义经典文本传播的一个范例[J]. 党的文献,2012(1):123-125.

[23] 胡君进,檀传宝. 马克思主义的劳动价值观与劳动教育观念—[J]. 教育研究,2018(5):9-15,26.

[24] 教育部、劳动人事部、财政部、国家计划委员会关于改革城市中等教育结构、发展职业技术教育的意见[J]. 中华人民共和国国务院公报,1983(12):552-556.

[25] 冀晓萍. 加强中小学劳动教育 创新高素质人才培养路径——教育部基础教育一司就《关于加强中小学劳动教育的意见》答本刊记者问[J]. 人民教育,2015(17):27-29

[26] 李卓宝,安洪溪,王宇. 学习毛泽东关于教育与社会实践相结合的思想——纪念毛泽东同志诞辰一百周年[J]. 清华大学学报(哲学社会科学版),1993(3、4):33-46.

[27] 雷世富. 毛泽东教育与生产劳动相结合思想评述[J]. 电力高等教育,1993(4):21-27.

[28] 栾敏. 邓小平对"教育与生产劳动相结合"思想的新发展[J]. 黑龙江高教研究,1995(2):7-8.

[29] 罗建勤. 从"教育与生产劳动相结合"到"教育与社会实践相结合"[J]. 毛泽东思想研究,2001(3):103-105.

[30] 刘时方. 马克思主义教育思想的新发展——学习江泽民同志关于教育与社会实践相结合的论述[J]. 江苏高教,2001(10):13-16.

[31] 刘惠. 邓小平教育与生产劳动相结合思想浅论[J]. 教育探索,2005(10):6-7.

[32] 李汝贤. 毛泽东教育与生产劳动相结合思想及其现实意义[J]. 山西大学学报(哲学社会科学版),2009(3):101-104.

[33] 李汉松. 语境中的观念——访昆廷·斯金纳教授[J]. 刘林,译. 哲学动态,2017(6):105-113.

[34] 李珂,曲霞. 1949 年以来劳动教育在党的教育方针中的历史演变及省思[J]. 教育学报,2018(5):63-72.

[35] 柳夕浪. 构建完整体系 解决突出问题——《中共中央 国务院关于全面加强新时代大中小学劳动教育的意见》解读[J]. 中国德育,2020(7):7-10.

[36] 宁韬. 农村学校教育要为农村四化建设服务[J]. 人民教育,1987(1):9,14.

[37] 潘懋元. 教育外部关系规律辨析[J]. 厦门大学学报(哲社版),1990(2):1-7,38.

[38] 庞立生. 深刻把握习近平总书记教育重要论述的核心要义——访东北师范大学党委书记杨晓慧教授[J]. 马克思主义理论学科研究,2020(4):4-12.

[39] 曲霞,刘红梅. 用劳动教育为立德树人增添新动能——学习习近平总书记全国教育大会重要讲话精神[J]. 北京教育(德育),2019(4):30-32.

[40] 上海市教育局. 要重视学生的劳动教育[J]. 人民教育,1981(6):33-34.

[41] 孙喜亭. 试论毛泽东关于教育与生产劳动相结合思想的特定含义[J]. 江西教育科研,1996(6):1-5.

[42] 石中英. 重新思考毛泽东的教育思想遗产[J]. 北京大学教育评论,2016(3):105-116,191-192.

[43] 谭保斌. 学习邓小平关于教育与生产劳动相结合的思想[J]. 高等师范教育研究,1995(6):3-7.

[44] 谭武,吴天琪. 习近平关于劳动教育重要论述的逻辑体系[J]. 思想政治课研究,2020(3):47-53.

[45] 王先俊. 新时期党的教育方针发展变化评述[J]. 中共党史研究,2003(5):30-35.

[46] 王明钦,刘英钦. 新中国成立后中国共产党劳动教育思想的脉络梳理与体系构建[J]. 河南大学学报(社会科学版),2021(5):136-143.

[47] 文新华. 论劳动、劳动素质与劳动教育[J]. 教育研究,1995(5):9-15.

[48] 王枬. 试论毛泽东关于教育与生产劳动相结合的思想[J]. 教育科学,1994(1):10-14,36.

[49] 王枬,冯季林. 邓小平关于教育与生产劳动相结合的思想初探[J]. 广西师范大学学报,1996(2):66-71.

[50] 王湛. 深化教育改革的突破点和推进教育现代化的着力点[J]. 江苏教育报,2018(2):1-2.

[51] 王湛. 教育治理现代化与教育家办学[J]. 江苏教育报,2014(4):1-4.

[52] 吴康宁. 教育究竟是什么-教育与社会的关系再审思[J]. 教育研究,2016(8):4-12.

[53] 王斌. 习近平关于劳动教育的重要论述探析[J]. 教育导刊,2019(7):5-9.

[54] 王兆璟. 意识自觉与观念解放——改革开放以来教育科学研究的观念史分析[J]. 教育研究,2014(2):43-47.

[55] 徐长发. 新时代劳动教育再发展的逻辑[J]. 教育研究,2018(11):12-17.

[56] 徐海娇,柳海民. 遮蔽与祛蔽:劳动的教育意蕴——基于马克思劳动概念的价值澄明[J]. 湖北社会科学,2017(6):13-18.

[57] 肖宗六. 新时期教育方针的再探讨[J]. 教育研究与实验,1986(1):40-43.

[58] 杨金梅. 联合国教科文组织对职业、技术教育名词的解释[J]. 职业教育研究,1987(2):37.

[59] 余守萍. 毛泽东、邓小平、江泽民的“教育与生产劳动相结合”思想之比较[J]. 教育探索,2006(6):4-5.

[60] 杨兆山,罗翰书,丁杰. 关于我国当前教育方针表述的几个问题——学习江泽民《关于教育问题的谈话》的几点意见[J]. 中国教育学刊,2001(3):6-7.

[61] 张承先. 改革农村教育,更好地为社会主义建设服务[J]. 人民教育,1982(9):7-9.

[62] 章锁江,郭永松,邵五甲. 教育必须与生产劳动相结合——学习毛泽东教育思想的实践与思考[J]. 中国高教研究,1993(6):23-26.

[63] 赵永嵩. 邓小平“教育与生产劳动相结合”思想的伟大意义——邓小平论“教育与生产劳动相结合”学术研讨会综述[J]. 教育研究,1994(11):21-23.

[64] 钟宝云. 论邓小平教育与生产劳动相结合的教育思想[J]. 思想理论教育,1995(1):10-13.

［65］ 卓晴君. 关于促进中小学教育与生产劳动相结合的行动建议［J］. 中国教育学刊,1997(3):37-40.

［66］ 章振乐. 正心立德 劳动树人——小学“新劳动教育”的实践与思考［J］. 中国特殊教育,2017(5):27-29.

［67］ 周批改,段扬. 毛泽东劳动教育观念研究［J］. 教育探索,2018(2):1-5.

［68］ 卓晴君. 邓小平教育与生产劳动相结合思想的伟大意义及其时代特征［J］. 教育研究,1995(2):8-14.

［69］ 卓晴君. 习近平劳动教育思想之重要战略意义［J］. 创新人才教育,2019(2):5.

［70］ 周兴国,曹荣荣. 新中国的劳动教育:观念演变与发展［J］. 中国教育科学(中英文),2020(3):25-34.

［71］ 周兴国,曹荣荣. 论劳动的育人价值及其实现条件［J］. 南京师大学报(社会科学版),2020(6):30-38.

学位论文及论文集:

［1］ 丁文杰. 1949—1989 年:劳动教育的演变历程及特征［D］. 临汾:山西师范大学硕士学位论文,2015.

［2］ 费艳阳. 毛泽东劳动教育观念的文化渊源、历史演进及实践效应［D］. 临汾:山西师范大学硕士学位论文,2018.

［3］ 李惠红. 新中国劳动教育思想探析［D］. 福州:福建师范大学硕士学位论文,2012.

［4］ 徐海娇. 危机与重构:劳动教育价值研究［D］. 长春:东北师范大学博士学位论文,2017.

［5］ 郭必恒. 毛泽东教育思想的时代意义:全国纪念毛泽东同志诞辰 110 周年学术研讨会——毛泽东与当代中国［C］. 北京:中共中央文献出版社,2004:710-723.

［6］ 郝清杰. 教育必须与生产劳动相结合——毛泽东教育思想的鲜明特色及当代价值:毛泽东与中国道路——全国纪念毛泽东同志诞辰 120 周年学术研讨会论文集［C］. 北京:中央文献出版社,2013:993-1002.

[7] 张傅,宋荐戈. 略论共和国三代领导集体的教育与生产劳动相结合思想:纪念《教育史研究》创刊二十周年论文集(9)[C]. 教育史研究,2009:340-344.

报刊文章:

[1] 艾思奇. 再评关于社会发展问题的非历史观点[N]. 人民日报,1949-10-17(5).

[2] 本报特约评论员. 贯彻执行按劳分配的社会主义原则(特约评论)[N]. 人民日报,1978-05-05(1)

[3] 邓小平. 在全国教育工作会议上的讲话[N]. 人民日报,1978-04-26(1).

[4] 发言革命传统投身社会实践[N]. 人民日报,1983-12-09(3).

[5] 鞠鹏. 习近平在北京市八一学校考察时强调 全面贯彻落实党的教育方针 努力把我国基础教育越办越好[N]. 人民教育,2016-09-10(2).

[6] 李龙强. 不断满足人民美好生活需要 解决新时代社会主要矛盾善抓根本(新知新觉)[N]. 人民日报,2019-08-27(8).

[7] 全面执行党的教育方针——记上海中学校长叶克平[N]. 人民日报,1981-07-23(3).

[8] 思想政治教育是学校教育重要组成部分[N]. 人民日报,1981-09-09(2).

[9] 实践是检验真理的唯一标准(特约评论)[N]. 人民日报,1978-05-12(2).

[10] 王娜梅. 中小学生大多轻视体力劳动[N]. 人民日报,1988-12-02(3).

[11] 温克勤. 评"个人本位主义"[N]. 人民日报,1991-03-25(5).

[12] 习近平. 在庆祝"五一"国际劳动节暨表彰全国劳动模范和先进工作者大会上的讲话[N]. 人民日报,2015-04-28(2).

[13] 习近平. 在知识分子、劳动模范、青年代表座谈会上的讲话[N]. 人民日报,2016-04-30(2).

[14] 中华人民共和国第五届全国人民代表大会第二次会议提案审查委员会关于提案的审查报告[N]. 人民日报,1979-07-02(2).

[15] 中等教育结构究竟怎样改革[N]. 人民日报,1979-07-29(3).

[16] 朱开轩. 新时期学校德育工作的纲领[N]. 人民日报,1994-09-28(3).

[17] 中国共产党章程[N]. 人民日报,2012-11-19(5).

[18] 张烁,王晔. 坚持中国特色社会主义教育发展道路培养德智体美劳全面发展的社会主义建设者和接班人[N]. 人民日报,2018-09-11(1).

其他：

[1] 把新时代大中小学劳动教育落到实处——教育部教材局负责人就《大中小学劳动教育指导纲要(试行)》答记者问[EB/OL]. 教育部网站:http://www.moe.gov.cn/jyb_xwfb/s271/202007/t20200715_472807.html,2020-07-15.

[2] 国家中长期教育改革和发展规划纲要(2010—2020年)[EB/OL]. 教育部网站:http://www.moe.gov.cn/srcsite/A01/s7048/201007/t20100729_171904.html,2010-07-29.

[3] 国务院办公厅关于新时代推进普通高中育人方式改革的指导意见[EB/OL]. 教育部网站:http://www.moe.gov.cn/jyb_xxgk/moe_1777/moe_1778/201906/t20190619_386539.html,2019-06-11.

[4] 构建新时代中国特色社会主义劳动教育体系——教育部有关负责人就《中共中央国务院关于全面加强新时期大中小学劳动教育的意见》答记者问[EB/OL]. 教育部网站:http://www.moe.gov.cn/jyb_xwfb/s271/202003/t20200326_434972.html,2020-3-26[5]教育部关于印发《普通高中"研究性学习"实施指南(试行)》的通知[EB/OL]. 教育部网站:http://www.moe.gov.cn/srcsite/A06/s3732/200104/t20010409_82009.html,2001-04-9.

[6] 教育部 共青团中央 全国少工委关于加强小学劳动教育的意见[EB/OL]. 教育部网站:http://www.moe.gov.cn/srcsite/A06/s3325/201507/t20150731_197068.html,2015-07-24.

[7] 教育部关于印发《中小学综合实践活动课程指导纲要》的通知[EB/OL]. 教育部网站:http://www.moe.gov.cn/srcsite/A26/s8001/201710/t20171017_316616.html,2017-09-27.

[8] 坚持中国特色社会主义教育发展道路 培养德智体美劳全面发展的社会主义建设者和接班人[EB/OL]. 教育部网站:http://www.moe.gov.cn/jyb_xwfb/s6052/moe_838/201809/t20180910_348145.html,2018-09-10.

[9] 教育部关于印发《大中小学劳动教育指导纲要(试行)》的通知[EB/OL]. 教育部网站:http://www.moe.gov.cn/srcsite/A26/jcj_kcjcgh/202007/t20200715_472808.html,2020-07-09.

[10] 介绍"十三五"期间加强体育、美育、劳动教育有关情况[EB/OL]. 教育部网站:http://www.moe.gov.cn/fbh/live/2020/52806/,2020-12-14.

[11] 劳动教育,正在回归生活[EB/OL]. 教育部网站:http://www.moe.gov.cn/jyb_xwfb/moe_2082/zl_2019n/2019_zl96/202001/t20200106_414478.html,2020-01-04.

[12] 劳动教育是什么?教什么?怎么教?——《大中小学劳动教育指导纲要(试行)》解读[EB/OL]. 教育部网站:http://www.moe.gov.cn/jyb_xwfb/s5147/202007/t20200716_473089.html,2020-07-16.

[13] 面向21世纪教育振兴行动计划[EB/OL]. 教育部网站:http://www.moe.gov.cn/jyb_sjzl/moe_177/tnull_2487.html,1998-12-24.

[14] 努力发展具有中国特色世界水平的现代教育——十八大以来党中央推进教育现代化创新实践[EB/OL]. 教育部网站:http://www.moe.gov.cn/jyb_xwfb/s5147/201604/t20160421_239406.html,2016-04-21.

[15] 全面贯彻党的教育方针 大力加强新时代劳动教育[EB/OL]. 教育部网站:http://www.moe.gov.cn/jyb_xwfb/moe_176/202003/t20200330_436021.html,2020-03-20.

[16] 任海滨. 新时代背景下"劳动教育"的意义[EB/OL]. 人民教育出版社网:https://www.pep.com.cn/xw/zt/hd/xxgcqgjydhjs/btqzw/201812/t20181207_1934171.html,2018-12-07.

[17] 孙春兰. 唱响新时代爱国团结跟党走的青春之歌——在中华全国青年联合会第十三届委员会全体会议和中华全国学生联合会第二十七次代表大会上的致辞[EB/OL]. 教育部网站:http://www.moe.gov.cn/jyb_xwfb/moe_176/202008/t20200818_478660.html,2020-08-17.

[18] 推进教育治理体系和治理能力现代化——论深化教育领域综合改革[EB/OL]. 教育部网站: http://www. moe. gov. cn/jyb _ xwfb/s5148/201401/t20140110_162283. html,2014-01-10.

[19] 特稿:习近平与新时代的中国[EB/OL]. 中国共产党新闻网:http://cpc. people. com. cn/n1/2019/0930/c64094-31380680. html,2019-09-30.

[20] 田丰. 解读|促进劳动力和人才社会性流动,激发经济社会发展内生动力[EB/OL]. 百度网:https://baijiahao. baidu. com/s? id=1655343844448172467 & wfr=spider & for=pc,2020-01-10.

[21] 习近平在同全国劳动模范代表座谈时的讲话[EB/OL]. 中国政府网:http://www. gov. cn/ldhd/2013-04/28/content_2393150. htm,2013-04-28.

[22] 习近平在庆祝"五一"国际劳动节暨表彰全国劳动模范和先进工作者大会上的讲话[EB/OL]. 中国政府网: http://www. gov. cn/xinwen/2015-04/28/content_2854574. htm,2015-04-28.

[23] 习近平:决胜全面建成小康社会 夺取新时代中国特色社会主义伟大胜利——在中国共产党第十九次全国代表大会上的报告[EB/OL]. 新华网:http://www. xinhuanet. com/politics/19cpcnc/2017-10/27/c_1121867529. htm,2017-10-27.

[24] 中学德育大纲(试行)[EB/OL]. 首都文明网:http://www. bjwmb. gov. cn/zxfw/wcnrfw/wcnrjy/xydy/t20090531_258815. asp,2009-05-31.

[25] 中华人民共和国教育法[EB/OL]. 中国政府网:http://www. gov. cn/xinwen/2015-12/28/content_5028401. htm,2015-12-28. 中华人民共和国国民经济和社会发展第十三个五年规划纲要[EB/OL]. 中国政府网: http://www. gov. cn/xinwen/2016 - 03/17/content _ 5054992. htm,2016-03-17.

[26] 转变传统观念共同加强劳动教育[EB/OL]. 教育部网站: http://www. moe. gov. cn/jyb _ xwfb/s5148/201906/t20190606 _ 384714. html,2019-06-06.

[27] 中共中央、国务院关于深化教育教学改革全面提高义务教育质量的意见[EB/OL]. 教育部网站: http://www. moe. ov. cn/jyb _ xxgk/moe _ 1777/moe_1778/201907/t20190708_389416. html,2019-06-23.

[28] 直面社会关切 全面提高义务教育质量[EB/OL].教育部网站:http://www.moe.gov.cn/jyb_xwfb/s5147/201907/t20190710_389668.html,2019-07-10.

[29] 中共中央 国务院关于全面加强新时期大中小学劳动教育的意见[EB/OL].教育部网站:http://www.moe.gov.cn/jyb_xxgk/moe_1777/moe_1778/202003/t20200326_435127.html,2020-03-20.

英文文献:

(一)专著:

[1] CBSE. Work eucation in schools[M]. Delhi:Central Board of Secondary Education,2004.

[2] COLE F P,MEGIVERN L,HILGERT J. American labor in U. S. history textbooks:how labor's story distorted in high school history textbooks[M]. Washington,DC:Albert Shanker Institute,2011.

[3] Neida Coordinating Unit. Education and productive work in Africa[M]. Dakar:Unesco Regional Office for Education in Africa,1982.

[4] HOPPERS W,KOMBA D. Productive work in education and training—a state of the art in Eastern Africa[M]. The Hague:Centre for the Study of Education in Developing Countries,1995.

(二)期刊论文:

[1] DWYER R. Workers' education,labor education,labor studies:an historical delineation[J]. Review of Educational Research,1977(1):179-207.

[2] GELPI E. Education and work:preliminary thoughts on the encouragement of productive work in the educational process[J]. International Journal of Lifelong Education,1982(1):53-62.

[3] BORSTEL F V. A theoretical framework for productive education[J]. Prospects,1992(3):265-271.

[4] MSFA M Y. Productive work as pedagogical tool in school education[J]. Pertanika Journal of Social Science Humanities,2013(4):1447-1455.

[5] GILLESPIE R R,COLLINS C B. Productive labour in schools:an international evaluation[J]. Prospects,1987(1):11-26.

(三)论文集论文:

[1] ADISESHIAH M S. Education and productive work in India:Unesco. Prospects[C]. Quarterly Review of Education,1974(2):143-151.

[2] RENSBURG P V. Combining education and production:situating the problem:Unesco. Prospects [C]. Quarterly review of education, 1977 (3): 352-354.

(四)其他:

[1] Case studies on the interaction between education and productive work [EB/OL]. Unesdoc:https://unesdoc.unesco.org/ark:/48223/pf0000217493?posInSet=1&queryId=d42acaaf-d620-4692-b78f-764524e9f6eb, 1981-08-12.

[2] Final report(the regional seminar on the introduction of productive work into education and its implications for the training of educational personnel) [EB/OL]. Unesdoc:https://unesdoc.unesco.org/ark:/48223/pf0000044297_eng?posInSet=2&queryId=N-EXPLORE-6fbbfa07-6df9-4bdf-9809-22e21e54d95b,1981-05-05.

[3] Interaction between education and productive work[EB/OL]. Unesdoc:https://unesdoc.unesco.org/ark:/48223/pf0000045552?posInSet=1&queryId=b7daec9b-56ae-4a69-ba86-5ba264fdb245,1981-09-15.

[4] Objectives and forms of the integration of productive work in general education[EB/OL]. Unesdoc:https://unesdoc. unesco. org/ark:/48223/pf0000083108? posInSet = 1 & queryId = 6931cb131e0a - 4e3f - 8ad6 - 49d19d38b242, 1986-09.

[5] Questionnaire no. 2: interaction between education and productive work[EB/OL]. Unesdoc:https://unesdoc. unesco. org/ark:/48223/pf0000040585? posInSet=3 & queryId=cfc2d9bb-5be7-457f-aa50-63c5f5abc12b, 1980-04-10.